Leroy Beskow

Nuevas Investigaciones acerca de la Naturaleza Humana

Leroy Beskow

Nuevas Investigaciones acerca de la Naturaleza Humana

CREDO EDICIONES

Imprint

Cover image: www.ingimage.com

Publisher:
CREDO EDICIONES
is a trademark of
International Book Market Service Ltd., member of OmniScriptum Publishing Group
17 Meldrum Street, Beau Bassin 71504, Mauritius

Printed at: see last page
ISBN: 978-613-2-85559-6

CONTENIDO

INTRODUCCIÓN

Desde que el 23 de octubre de 1996 el papa Juan Pablo II dijo que, con relación a la naturaleza del hombre, la teoría de la evolución natural está más cerca de la realidad de los hechos que la creación especial, la doctrina cristiana de la naturaleza del hombre ha llegado a ser más discutida que nunca. ¿Es cierto que el alma viene de Dios; es eterna, y el hombre la recibió cuando era un homínido?

La creencia más remota que se conoce[1] acerca de la inmortalidad del alma humana, separando al ser en una dicotomía cuerpo y "sobra" (alma), la encontramos en el primer reino de la Babilonia antigua, llamado primeramente "Babel" (Gén. 10:10).[2]

Con la Epopeya de Gilgamesh podemos saber que esa inmortalidad al principio sólo se cumplía en los reyes y principales del reino. Tiempo después se divulgó la creencia de la "*kigallu,* 'ancha tierra" de los muertos que no tienen "reposo", porque era el lugar donde debían purgar sus culpas ante Nergal y Ereskigal, soberanos de "los infiernos".[3] La creencia babilónica de una dicotomía cuerpo-alma o cuerpo-espíritu, se extendió muy pronto a todos los antiguos reinos de la tierra.

Las pirámides egipcias, que son tumbas gigantescas, fueron levantadas para impresionar a Osiris. Ante él las almas de los muertos se defendían por sí mismas haciéndole recordar todo lo bueno que habían realizado. Y así, para librarse del *amenti* —el lugar de los castigos— terminaban exclamando: "Soy puro, soy puro, soy puro, soy puro".[4]

La pirámide mortuoria del emperador chino Qin Shi Huang (259-210 a.C.), que la construyó durante 30 años en busca de la inmortalidad, es una de las mayores atracciones turísticas de China. En una de las 10 cámaras mortuorias fue enterrada su esposa favorita. En otras, las demás esposas, que fueron enterradas vivas porque no tuvieron la virtud de darle descendencia. En las últimas, mandó poner maquetas de ciudades y todo el territorio de su imperio; sus sirvientes y todos los animales del zoológico; 7.000 estatuas de guerreros armados y carros tirados por caballos de bronce. De esta manera creyó asegurar su vida y su reinado en el más allá.[5]

Todo el énfasis en **negrita** será mío.

[1] Los antediluvianos adoraban a imágenes que representaban a dioses con las mismas características pasionales que poseían ellos, lo que nos lleva a pensar que ya podrían haber creído en la inmortalidad y deidificación de los muertos (Elena G. de White, *Patriarcas y Profetas,* (Mountain View, California: Publicaciones Interamericanas, 1955), pp. 79,80).

[2] José Huby, *Christus,* (Buenos Aires: Ediciones Angelus, 1952), p. 612.

[3] Idem.

[4] Ibíd., p. 569.

[5] *Muy interesante (MI),* (Bs. As.: agosto de 1986), pp. 10-16.

Aunque el budismo no tiene la concepción de un alma que sobrevive a la muerte, sus seguidores consideran a los muertos como almas transmigratorias; y también realizan cultos por los muertos con grandes gastos anuales por temor a represalias del más allá.[6]

Pero la influencia mayor que recibió el cristianismo acerca del tema, viene de los filósofos griegos Platón y Aristóteles mediante los llamados "Padres de la Iglesia". Podemos mencionar a Clemente, Policarpo, Panteno e Ireneo[7] y los escritores cristianos de los siglos II y III. Entre estos últimos se destaca principalmente Orígenes, que aseguraba que el alma de Adán vino de Dios a encarnarse en el Edén para pagar sus culpas.[8] Aunque muchos se opusieron a la creencia de Orígenes,[9] la doctrina de la inmortalidad del alma llegó a ser aceptada por la mayoría de los teólogos cristianos.

Los chinos postulan un alma dual, con el *p'o*, es decir la parte mental más baja y materialista, y con el *hun*, más elevada y espiritual. Esa lucha diaria que hay en la mente del creyente, se la presenta también en el Nuevo Testamento de la Biblia, con la mente carnal adversa a la espiritual (Romanos 8:1,5-10, etc.).

Los hebreos estuvieron mucho tiempo en contacto con los paganos. Así que no es de extrañar que los escritores antiguos señalen los "riñones" y los intestinos como fuentes del entendimiento; el "corazón" generalmente como lugar de los sentimientos; y el "corazón" con la "mente", las distintas funciones del cerebro. Y si buscamos en la Biblia las partes que componen toda nuestra unidad viviente, nos encontraremos con una totalidad dual cuerpo-alma; cuerpo-mente; y cuerpo-espíritu. Pero en el único lugar que afirma que habla de "todo" el ser, lo presenta con una unidad triple cuerpo-espíritu-alma (1 Tesalonicenses 5:23).

La mayoría de los teólogos sigue la influencia platónica, por eso cree que tiene que ser la unidad dual cuerpo-espíritu o cuerpo-alma. Muchos de ellos creen que esta dualidad permanece unida hasta la muerte. Si creemos en una unidad dual cuerpo-espíritu, ¿qué es el "espíritu"? ¿Es sólo la vida? ¿Es la vida con el entendimiento? En el primer caso, el entendimiento estaría en el "cuerpo". En el segundo, lo que volvería a Dios (Eclesiastés 12:7) sería también el entendimiento. Si decimos que no, entonces no sería una unidad dual cuerpo$^{1°}$ y espíritu$^{2°}$, sino cuerpo$^{1°}$, más espíritu$^{2°}$, más el resultado de esa suma: el alma$^{3°}$. El primer elemento va a la tierra, el segundo vuelve al Autor de la vida (según la Biblia), y el tercero muere inmediatamente después. Entonces tenemos claramente tres partes con tres destinos.

Los extraordinarios adelantos científicos de este último siglo, aportan poco acerca de la vida después de la muerte. Pero sí confirma la enseñanza bíblica de nuestra naturaleza viva. Lo que llama la atención es que respecto al origen de la humanidad, los científicos no han podido llegar a un acuerdo serio, debido a las discusiones que hay entre los teóricos evolucionistas desde la década de los 80. Pero esta investigación tiene por objeto confirmar lo que la ciencia viene descubriendo en estos últimos tiempos, y separar más claramente lo

---

[6] José M. Rodríguez, *Las religiones comparadas,* (Bs. As.: Junta Bautista de Publicaciones, 1927), p. 44.

[7] J. B. Lightfoot, *Los Padres Apostólicos,* (Barcelona: CLIE, 1990), pp. 70-84, 99, 161,163, 620, 680, 687.

[8] Francis Nichol, *Comentario Bíblico Adventista del Séptimo Día (CBA),* v. 5, (M. V., Calif.: Pub. Inter., 1987), p. 891.

[9] Enrique Bussel, *El dualismo en la antropología de la cristiandad (DAC),* (Bs. As.: Edit. Guadalupe, 1974), pp. 70-75,85-90.

revelado en la Biblia de la contaminación teológica que impera en la mayor parte del cristianismo, ayudando así a clarificar el tema.

El autor.

EL ORIGEN DEL HOMBRE

La antropología es el estudio de la naturaleza humana (del griego "ánthropos": hombre, humano, y "logos": conocimiento); y es la ciencia que estudia al ser humano de una forma integral. François Péron fue quien usó por primera vez el término. Desde el final del siglo XIX, a pesar de la crítica de Franz Boas, el enfoque adoptado fue cambiado por los postulados darwinistas. Y a partir de entonces, la antropología vio la aparición de varias corrientes durante los siglos XIX y XX. Entre ellas la escuela culturalista de EE.UU., el estructural-funcionalismo, el estructuralismo antropológico, la antropología marxista, el procesualismo, el indigenismo, la paleoantropología, etc.[10] Y hoy la Antropología, con el apoyo de la arqueología, y los historiadores, estudia el origen y la historia del hombre.[11]

Hasta mediados del siglo XIX, la creencia generalizada del origen humano estaba basada en el Génesis de la Biblia. Y a pesar que Moisés describe las razas humanas con un origen común (Génesis 1:26,27; 2:7), pero que fueron variando según las leyes de la herencia (Génesis 31:8-12); incluyendo los caracteres negativos por el pecado, según la ley de la entropía y las mutaciones (Génesis 3:16-19), en el tiempo de Carlos Darwin muchos religiosos sostenían la doctrina del fijismo, de que cada ser que nace es creación directa de Dios, no por las leyes de la herencia que él estableció. Por lo tanto, si por una mutación, un bebé nacía con dos cabezas, aseguraban que fue por una creación divina.

Por supuesto, Darwin, que era teólogo y conocía la Biblia mejor que esos creyentes, se dispuso a probar que estaban equivocados. Pero el problema de Darwin, fue sostener que las variaciones entre las especies podían pasar la barrera del género taxonómico, a pesar que el Génesis lo niega y sigue siendo un desafío a los teóricos evolucionistas de hoy (Génesis 1:11,12, 21, 24, 25). La razón es muy simple: El ADN (el comando grabado que dirige toda acción y modificación de nuestra naturaleza) es como un programa en una computadora. Con él podemos hacer muchas cosas, pero dentro de los límites del programa. Si exigimos que haga algo nuevo, que no esté en el sistema, producirá un paro de la computadora.

Algo semejante ocurre con el ser humano. Y es por eso que un hombre no puede producir un mono, ni a un mono le podemos pedir que engendre un hombre, pues son géneros o grabaciones vivientes distintas.[12] Para que un simio pueda engendrar un homínido o un hombre, hay que añadirle a su ADN la nueva información que requiera, tanto en su sistema central como en el ADN de cada célula, gracias a la acción comunicadora del ARN (ácido ribo-nucleico). Si esto no se cumple habrá serios problemas y la muerte. Es por eso que, cuando se le preguntó al biólogo evolucionista Richard Dawkins, si una especie podría

---

Todo énfasis en **negrita** será mío.

[10] *Antropología*. En: https://es.wikipedia.org/wiki/Antropología; Levi-Strauss, *Principales corrientes de la antropología*. En: https://www.youtube.com/watch?v=NXhG3X69Wgg.

[11] Colin Renfrew, Paul Bahn, (1998). *Introducción: La Naturaleza y los Propósitos de la Arqueología*. Fábregas Valcarce, Ramón, ed. *Archeology.Theories, Methods and Practice* (Arqueología. Teorías, Métodos y Prácticas), (Madrid: Edit. Akal, 1993). p. 9.

[12] El ratón tiene el 99% de semejanza con nuestro genoma; el chimpancé de 86% a 94%, y el cerdo 90%. Pero entre esas pequeñas diferencias y la nuestra hay un abismo de información que desconocemos.

producir nueva información genética, su respuesta fue el silencio (sabía la respuesta, pero por soberbia no quería reconocerla).[13]

C. Darwin propuso que nosotros descendemos de los simios. Y su teoría no sólo produjo gran conmoción en la gente de sus días, sino que también sedujo a un buen número de biólogos, hasta que comenzaron a verse los problemas.

El hombre según la teoría evolucionista:

La variedad de formas y tamaños de cráneos humanos que se pueden medir hoy, es de 1500 cc a 830 cc, como ocurre con algunos aborígenes de Australia. También se encontraron cráneos de razas antiguas, como los de Cromagnón, de 1750 cc. En cambio, la diferencia que podemos encontrar con los simios, es marcada: No pasan de 500 cc., y es muy difícil confundirlos con el del hombre. Sin embargo, algunos eruditos buscan afanosamente para encontrar alguna semejanza. Y por este afán, son conocidos los fraudes y los ocultamientos de fósiles presentados como eslabones humanos, por encontrarse posteriormente con hombres recientes en el mismo estrato geológico:

El Australopithecus de R. Dart no era un simio que caminaba, como se anunciaba. Además, en el mismo estrato se encontró después un hombre reciente, anulándolo así como una posible transición mono-hombre. El hombre de Nebraska (1922) era un diente de jabalí; y el Neanderthal de 1856 fue eliminado en 1960, por ser un individuo con deformaciones artríticas.[14]

Para el cráneo de Talgai, que se le dio un millón de años, A. Meston reveló que se trataba de un negro fusilado y enterrado en el lugar. En cuanto al hombre de de Pildown de 1912, al año siguiente se encontró cerca un cráneo de mono, y fue eliminado en 1953. "El Hombre de Java" de Eugene Dubois, estaba compuesto de una calota craneal con dientes de un gibón gigante, confesándolo después.[15] Y poco antes de su muerte también dijo que había encontrado "cuatro fémures humanos en el mismo estrato".[16] Otros investigadores continuaron excavando en el lugar, encontrando un fragmento de cráneo de Homo sapiens, pero pocos fueron los que pudieron enterarse de esto.[17]

El Zinjantrophus de 1959, fue eliminado al año siguiente por el mismo descubridor, por haberse encontrado también restos de hombres recientes.[18] El Ramapithecus de 1964, era un orangután eliminado en 1979. Lucy, de 1974, fue un simio con brazos largos, y manos con grandes nudillos para apoyarse en ellos como todo cuadrúpedo. La "Eva mitocondrial"

---

[13] Richard Dawkins, ¿Perplejo por pregunta creacionista?, www.youtbe.com/watch?v=51-tpnzbMXI) (Visto el 25-10-19).

Richard Dawkins titubea ante pregunta creacionista (*Richard Dawkins stumped by creationist question*). En: https://www.youtube.com/watch?v=kjIKfOg3bhs. (Visto el 11-10-19).

[14] Malcon Bowden, *Los hombres-simios, ¿realidad o ficción?(HSRF),* (Barcelona, edit. Clie, 1984), p. 195.

[15] Ibíd., p. 175.

[16] Ibíd., p.137.

[17] Ibíd., p. 198.

[18] Ibid., p.169.

de Allan Wilson, Mark Stoneking y Rebecca Cann, duró apenas una década, pues se trataba de un proceso rápido de mutaciones genéticas de hace pocos miles de años.[19]

El Homo hábilis ya no es considerado válido por ser una mezcla de huesos de simios con hombres recientes.[20] En cuando al Homo floresciensis de 2004, se trataba de una mujer menuda con microcefalia. Raymond Dart descubrió en 1924 al Niño de Taung (Australopithecus africanus), y le dieron unos 3 millones de años. Pero eruditos de la Universidad del Witwatersrand sostienen que era un simio.[21] Por eso en la revista *Nature,* se escribió: "Es más bien improbable que ninguno de los Australopitecos, incluyendo el Homo hábilis y Homo africanus, puedan tener ninguna relación filogenética directa con el género Homo".[22]

Al Paranthropus boisei, le daban 2 millones de años, pero en el mismo estrato fueron encontrados los huesos recientes del Homo hábilis. El 20 de julio de 1929 se anunció, en el *Daily Telegraph*, el descubrimiento en Pekin de un cráneo petrificado completo con características simiescas. Pero después encontraron también 10 esqueletos completos sin cabeza, perfectamente humanos. Fue anunciado el 15 de diciembre; pero al poco tiempo hicieron desaparecer los huesos humanos, porque no concordaban con lo anunciado anteriormente.[23] Y respecto al Pithecántrhopus II, von Koenigswad dijo que encontraron 40 piezas fosilizadas de un cráneo, pero en el informe que se divulgó al público ocultaron 10, confirmado por Moore.[24]

Y hoy los problemas continúan, pues no se ponen de acuerdo dónde ubicar a nuestros ascendientes más próximos en el árbol de la evolución. De 12 árboles genealógicos que pude ver en la web, sólo 3 concordaban. Ésta es la verdad de los hechos.

Si nuestros primeros ancestros vivían hace unos seis millones de años, y los más próximos, como el Homo neanderthalensis hace unos 200.000 años, la raza humana no podría existir tal como la conocemos, pues según la segunda ley de la termodinámica, para que el ADN pueda mantenerse en buenas condiciones de funcionamiento, gracias a la acción protectora de corrección del sistema de encimas glicosilases, las generaciones humanas no podrían sobrevivir después de unos 15.000 años.

El tiempo de acumulación de níquel de polvo cósmico indica en la escala miles y no millones de años. ¿Dónde quedaría la brecha necesaria para la supuesta evolución entre el Ramapitecus y el Australopitecus imaginada en 10.000.000 de años? 14.300.000 toneladas de polvo meteórico se depositan anualmente sobre toda la superficie terrestre, según las investigaciones dirigidas por el geofísico sueco Peterson. En 10.000.000 de años, la brecha entre el R-mapitecus y el Australopitecus, se hubiera formado una capa de 36 metros de espesor sobre toda la superficie del planeta. Según una estimación, tanto como 40.300

[19] Roger Lewin, "The Unmasking of Mitochondrial Eve", *Science*, (New Series, Vol. 238, No. 4823. Oct. 2, 1987), pp. 24-26).

[20] B. Wood, y M. Collar, (2001). *The meaning of Homo*. Ludus Vitalis (en inglés) 9 (15): 63-74. (Archivado desde el original el 1 de febrero de 2012).

[21] El niño de Taung no era humano. https://www.europapress.es/ciencia/ruinas-y-fosiles/noticia-nino-taung-no-era-humano-20140826102911.html. (Visto el 10-11-19).

[22] Bowden, *HSRF,* p. 210.

[23] Ibíd., pp. 118,119.

[24] Ibíd., p. 184.

toneladas de polvo cósmico alcanzan la superficie de la Tierra cada año. En octubre de 2011, los científicos informaron que el polvo cósmico contiene materia orgánica compleja (sólidos orgánicos amorfos con una estructura mixta aromático-alifática) que podría crearse de forma natural y rápida por estrellas.[25]

Según la teoría de la evolución, los homo sapiens aparecieron en la Tierra hace medio millón de años. Tomando esa fecha como punto de partida, se puede verificar matemáticamente si está en lo correcto o no. Para ello se puede utilizar la fórmula de crecimiento de población humana P = (P0)e^(rt), donde (P0) = población actual,e = 2,7182, r = tasa de crecimiento y t = tiempo. Comenzando entonces con un hombre y una mujer y utilizando una tasa de crecimiento promedio anual del 0,456% (muy por debajo del actual 1,7%), entonces la población mundial sería de 2,45 x 10 elevado a la 990 potencia de habitantes actualmente. Con esta cifra no habría capacidad para albergar una cantidad semejante de humanos en el universo. ¿Nunca se detuvieron para pensarlo?

Los evolucionistas J. Gribbin y J. Cherfas tuvieron que confesar: "Debemos admitir que la historia de la paleontología no brilla como un ejemplo de la búsqueda de la verdad, especialmente cuando se trata de la verdad del origen del hombre".[26] Francis Petter agregó: "Nuestro parentesco con los grandes simios antropoides no deja lugar a dudas... todos los intermediarios se han extinguido".[27]

Nos alegra que se haya abandonado la teoría de la sabana con vegetación alta, como causante del cambio a la posición bípeda de los simios. Era realmente infantil y nada serio. Lamento que tantos antropólogos se hayan dejado llevar sin dedicar un momento para considerarlo, ya que en ese caso hoy debería haber simios entre vegetación alta con tendencia a la posición bípeda, lo que no se ve. Ahora se teoriza con el hueso esfenoide, según su formación y posición en la base del cráneo. Pero una simple pregunta pone a la hipótesis en duda: ¿Es el cambio de forma del esfenoide el que humaniza a los simios, o los distintos animales revelan cuál debe ser su esfenoide? ¿Es un hueso modelador, o modelado por el genoma de cada especie? Esta pregunta deja al investigador a mitad de camino entre el evolucionismo y el creacionismo.[28]

Al referirse a los australopitecus como las primeras transiciones entre los simios y el hombre, el evolucionista Le Gross Ckark afirma que no hay ninguna evidencia de que poseyeran atributos especiales asociados al hombre, y por lo tanto usa con reservas la palabra "homo" para los Australopitecus. También R.L.Lehrman, Ashley Montagh y J. T. Robinson están de acuerdo con él.

---

[25] Denise Chow, *Discovery: Cosmic Dust Contains Organic Matter from Stars*. Space.com. Consultado el 26 de octubre de 2011.

ScienceDaily Staff (26 de octubre de 2011). "Astronomers Discover Complex Organic Matter Exists Throughout the Universe". *ScienceDaily*. (Visto el 27-10-2011).

Sun Kwok, Yong Zhang, "Mixed aromatic–aliphatic organic nanoparticles as carriers of unidentified infrared emission features", *Nature* 479 (7371): 80-3. Bibcode:2011Natur.479...80K. PMID 22031328. doi:10.1038/nature10542). (26 de octubre de 2011).

[26] "¡Descubrimiento sensacional! ¡Tejidos blandos y elásticos de dinosaurios!" *Ciencia de los orígenes*, nº 72, (Lomalinda, California: Geoscience Research Institute, 2006), pp. 1-4.

[27] Francis Petter, *Los mamíferos*, (Bs. As.: Eudeba, 1966), p. 94.

[28] "Homo futurus. Documentales evolución humana". https://www.youtube.com/watch?v=FLxMhBa7-a8. (Visto 10-4-2017).

Y W. R. Thompson, quien escribió un comentario en la introducción del *Origen de la especies* de Darwin, también nos dejó esta preocupante declaración: “**El éxito del darwinismo vino acompañado de un declive en la integridad científica**”.[29]

Y Lemoiné en *l'Encyclopédie francaise* de 1938, escribió: “La evolución es una especie de dogma, en el cual sus apóstoles no creen, pero que lo mantienen ante el pueblo. Hay que tener el valor de decirlo para que las futuras generaciones orientes sus investigaciones de otra forma”[30]

Barret y K. Millington declararon: "La prueba de que la teoría de la evolución es cierta, en el sentido riguroso de una verificación o demostración experimental científica, es imposible por varias razones. La razón más importante es que la evolución es un fenómeno histórico”.[31] Efectivamente, nada se ve hoy de los procesos de la evolución que pasen la barrera del género. Como si se hubieran detenido desde que el hombre existe.

“La teoría es entonces una teoría histórica acerca de eventos únicos, y eventos únicos no pertenecen, por definición, al ramo de la ciencia, porque no se repiten y por lo tanto no se pueden verificar por medio de experimentos". Y en cuanto al origen de la vida en forma aleatoria y en un caldo pre-biótico, podemos con justicia llamar a este escenario: “el mito del caldo pre-biotico”.[32]

Y J. Wolfgang Smith confesó: “Se nos dice dogmáticamente que la evolución es un hecho establecido, pero nunca se nos dice quién lo estableció ni por qué medios”.[33]

Y el paleontólogo evolucionista Niles Eldridge, dice: “Si la vida hubiera evolucionado hasta su maravillosa profusión poco a poco, entonces uno esperaría encontrar fósiles de criaturas transicionales que fueran un poco lo que eran antes y un poco lo que fueron después. Pero nadie ha encontrado aún evidencia alguna de tales criaturas transicionales”.[34] Sólo presentan grandes saltos de especies plenamente adaptadas al medio.

Por esta causa surgió la teoría evolucionista del equilibrio puntuado, también denominado equilibrio interrumpido, donde la evolución biológica —propuesta por Niles Eldredge y Stephen Jay Gould en 1972— se cumple por saltos después de un largo tiempo de calma. Pero Richard Dawkins le llamó “evolución por tropezones”, y la rechazó porque se dio cuenta que entonces hoy se debería ver cómo un día un pez pueda saltar de la pecera y salir transformado en un anfibio.

---

[29] Bowden, *HSRF,* p. 175.

[30] Ibíd., p. 107.

[31] Barret, Abramoff, Kumaran y Millington, Biology, (Prentice Hall, 1985), p.750. Ver también Colin Patterson, Evolution, (London: British Museum of Natural History, 1978), pp.145-146

[32] Charles Thaxton, Walter Bradley, Roger Olsen, *The Mystery of Life's Origins: Reasses-sing Current Theories* (New York: Philosophical Library, 1984), p.66.

[33] J. Wolfgang Smith, Ph.D. en matemáticas, Universidad de Columbia. Profesor de Matemáticas, Universidad Estatal de Oregón, ex instructor de matemáticas en el Instituto Tecnológico de Massachusetts. Publicaciones en diversas revistas científicas. En *Teilhardism and the New Religion: A Thorough Analysis of The Teachings of Pierre Teilhard de Chardin* (Tan Books & Publishers, Inc., 1988), 248 pág.

[34] Niles Eldridge, Antiguo Paleontólogo del Museo Americano de Historia Natural, *The Guardian Weekly*, 26 Noviembre 1978, vol. 119, no. 22, p. 1.

El origen del hombre según la Biblia:

El deseo de vivir eternamente está muy arraigado en el hombre; y la creencia en la inmortalidad del alma es casi tan antigua como la historia de la humanidad. Estas creencias antropológicas fueron variando en la Edad Media, en el Renacimiento, y especialmente desde los períodos de la Ilustración y el darwinismo. Esto obligó a la Iglesia Católica a cambiar la simbiosis medieval de la Biblia con el aristotelismo, por la Biblia con el darwinismo. Como vimos, Orígenes (s. III), el originador de varias doctrinas heréticas, fue el que dijo que las almas son eternas y vienen de Dios, para unirse a la materia terrestre como castigo por el pecado. En su obra titulada: *El Dualismo en la Antropología Cristiana,* Enrique Dussel muestra cómo la creencia apostólica del hombre mortal (1 Corintios 15:53) llegó a considerarse inmortal desde Atenágoras —pensando en la resurrección de los muertos—, para terminar en la creencia de la inmortalidad antes de la resurrección final.

Según la nueva teología católica acerca del origen del hombre, ya enunciada por Pío XII con la encíclica *Humani generis* (1950); y divulgada en octubre de 1996 por el papa Juan Pablo II, hace alrededor de dos millones de años, Dios eligió una pareja de monos que había evolucionado, gracias a sus capacidades superiores de supervivencia —¿Australopitecus? ¿Homo hábilis?—; y como ya lo venía anunciando el jesuita Teilhard de Chardin, le sopló el "alma", convirtiéndose así en nuestros primeros padres.

Y acercándose a la filosofía vitalista, muchos cristianos argumentan que hace unos 3.500 millones de años, ya Dios había soplado su aliento de vida en los protozoarios que se estaban formando en el mar o en un caldo primitivo. Mediante las capacidades naturales y los méritos propios para sobrevivir; y gracias la ayuda de Dios en "todos los saltos en que aparece una nueva especie",[35] dicen que los seres evolucionaron hasta lograr asemejarse a un homínido. Así fue como a este cuerpo vivo Dios le agregó el "alma", llegando a ser el "homo sapiens" Adán. Por lo tanto tenemos:

MONO VIVO + **ALMA** = HOMBRE.
Posición de la Iglesia Católica

Según leemos en Génesis 2:7, el proceso fue así:
CUERPO + SOPLO DE VIDA = ALMA DE VIDA
(hebreo *néfesh jayyah,* traducido como "ser viviente").

Pero la posición católica no sólo no se ajusta a lo revelado en la Biblia en Génesis 2:7, argumentando que las declaraciones del Génesis "no son más que representaciones dramáticas y pintorescas de la verdad",[36] sino que además entra en una abierta contradicción, pues las Escrituras dicen que los seres inferiores, entre ellos los monos, ya tenían "*néfesh jayyah* ("alma de vida" o "alma viviente", aunque en un grado menor). Es decir, que en el sexto día (para ellos período evolutivo) Dios habría dispuesto darles el "alma" que ya poseían (Génesis 1:20, 21,24; 2:19; 9:10, 12, 15). ¿Es que el hombre tiene dos almas, una animal y otra humana? La iglesia de Roma nunca había enseñado esto.

---

[35] M. Flick, Z. Alszeghy, *Antropología Teológica (AT),* (Salamanca: Edic. Sígueme, 1985), p. 189.
[36] Ibíd., p. 183.

Creencias acerca del hombre a través del tiempo:

En la antropología histórica, se destaca el Humanismo renacentista, que fue un movimiento filosófico intelectual europeo del Renacimiento, que buscaba los modelos de la Antigüedad Clásica. Mantuvo su hegemonía en buena parte de Europa hasta finales del siglo XVI. A partir de entonces se fue transformando y diversificando con los cambios espirituales provocados por el desarrollo social e ideológico: los principios propugnados por la Reforma protestante (luteranismo, calvinismo, anglicanismo) y la Contrarreforma católica; y más adelante (hasta finales del siglo XVIII) la Ilustración y la Revolución francesa.

Sigmund Freud (1856-1939), es considerado el padre del psicoanálisis. Para él las fantasías eran importantes como sus propios sueños. Él sostenía que el comportamiento de una persona está profundamente determinado por pensamientos, deseos y recuerdos reprimidos. Y el psicoanálisis procura llevar estos recuerdos a la conciencia para así liberar al sujeto de su influencia negativa. Para Freud la realidad del ser humano estaba regida por tres estructuras mentales: el ello (el inconsciente, que está en actividad incluso en el sueño), el yo (pensamientos conscientes) y el súper yo (mente racional, moralista y religiosa).[37]

Hoy, debido al deterioro moral, espiritual y social del hombre moderno, que se vuelca a las bebidas alcohólicas y las drogas para calmar su conciencia; y recurre a manifestaciones callejeras por cualquier pretexto, incluso hasta perder el respeto por la vida, Ricardo Falomir Parker, dice que en este siglo la antropología necesita un urgente estudio del comportamiento humano.[38] Entendemos que esta violencia actual ya viene desde que el hombre existe (Génesis 4:8). Pero al tener más información mundial y ser más conscientes de nuestros actos, llegamos a ser más responsables de los hechos incivilizados.

Los movimientos humanistas presentaron sus soluciones. Pero, debido al rotundo fracaso, entre sus nuevas propuestas surgió la idea del "Transhumanismo", que consiste en la mejora humana mediante la ciencia y la intervención tecnológica. El movimiento ha permeado con rapidez mediante el apoyo de la literatura científica de divulgación, y hasta con proyectos de investigación en materia de biología molecular, bio-ingeniería, ingeniería genética y otras disciplinas afines.[39]

Algunos investigadores del proyecto proponen, incluso, mejorar nuestra condición moral; dominar las malas inclinaciones y a los vicios que nos superan, mediante mecanismos electrónicos en el cuerpo que pueda controlar nuestros impulsos. Ya se probó con los cigarrillos electrónicos para los fumadores empedernidos. Pero, lamentablemente empeoró

---

[37] Sigmund Freud: la naturaleza oculta del hombre. En: https://revistacontextos1.wordpress.com/2016/05/06/sigmund-freud-la-naturaleza-oculta-del-hombre/. (Visto el 10-11-19).

[38] *La importancia de la antropología en la actualidad.* https://www.youtube.com/watch?v=j3F5hhpnMNc. (Visto el 5-11-19).

[39] Entre las organizaciones transhumanistas más destacadas se pueden contar la Asociacion Transhumanista Mundial, el Extropy Institute, el Foro y Asociacion Transhumanista "Fast and Astra" (Fastra), la Asociacion Transhumanista Internacional, etc.; y entre los sitios web más visitados sobre el tema está el www.transhumanism.org. Ver H. Velázquez, *¿Qué es la naturaleza? Introducción filosófica a la historia de la ciencia*, (México: Porrúa, 2007), cap. 7.

la salud de los adictos por el abuso y el descontrol, debido a la falta de nicotina y por el mismo vapor que produce.

Es evidente que lo que se requiere del hombre moderno, no son los aparatos electrónicos, sino más bien el desarrollo de la voluntad y el autocontrol, mediante una ayuda superior a la ciencia del hombre moderno y sus aparatos. Se entiende que esto no significa poner trabas al adelanto extraordinario de la ciencia con sus magníficos resultados, sino reconocer que la ciencia es humana, y el hombre tiene sus limitaciones. Por eso es que los problemas continúan y se agravan en pleno siglo XXI.

El origen de la mayoría de los problemas del hombre está en el egoísmo, que se nota desde los primeros meses de la vida, y se desencadena por varios factores y situaciones que se debe enfrentar y resolver. Pero, ¿de dónde viene el egoísmo?

Richard Dawkins (1941-) es profesor de Etología en la Universidad de Oxford.[40] En la década de los sesenta, propuso que el egoísmo es algo que viene incluido en el código genético de los seres humanos, mediante lo que le llamó: "El gen egoísta".[41] Es muy probable que se inspiró en los escritos de Pablo de Tarso, por medio de sus padres y la universidad de Oxford, fundada por creyentes. En su carta a los Romanos 7:18, 22, 23, ese apóstol dice: "Y yo sé que en mí, esto es, en mi carne, no mora el bien". "Porque en mi interior me deleito en la Ley de Dios, pero veo en mi cuerpo otra ley, que lucha contra la ley de mi mente, y me somete a la ley del pecado que está en mis miembros".

a) Cuando Pablo se refiere al "cuerpo", "en mí" y los "miembros", incluye el cuerpo cerebral que se puede ver en los tomógrafos, donde se graban químicamente las informaciones que nos interesan (las demás se pierden a los 20 minutos de dar vueltas en él eléctricamente). En cambio, cuando aquí él emplea la palabra griega *nous*, (mente), no se refiere a todo el cerebro, sino específicamente a la parte de la acción cerebral que no se puede ver en los tomógrafos: Al "espíritu [lo que no se ve] de vuestra mente" (Efesios 4:23). Es decir, a su funcionamiento eléctrico. Entonces, no se refiere a lo grabado químicamente (genes) en las neuronas del cerebro, sino lo que él, mediante esa química, reproduce eléctricamente ("espíritu" de Pablo) cuando estamos despiertos. Es decir: El entendimiento, la razón, la conciencia; lo que sabemos gracias a lo que hemos grabado. Por lo tanto, Pablo habla de la lucha interna entre lo que aprendimos y se grabó, y lo que decidimos hacer conscientemente con lo grabado (genes grabado por nosotros).
b) Y cuando Pablo dice "en mí", se refiere a su naturaleza humana heredada, donde ya viene la información de los padres en forma inconsciente y en código, que se lo llega a despertar y leer solo cuando se repite exactamente la acción grabada de los padres y grabada en un gen. Por ejemplo, si una madre alcohólica que

---

[40] Autor de libros como: *El Cuento del Antepasado, El Gen Egoísta, El Relojero Ciego, Escalando la Montaña de la Improbabilidad, Destejiendo el Arcoíris, El Capellán del Diablo, El Espejismo de Dios, El Mayor Espectáculo Sobre La Tierra y La Magia de la Realidad.* Es conocido por su actitud agresiva contra todo religioso, sea el más ignorante hasta el científico más destacado. A tal punto, que en una oportunidad dijo que ante un problema de salud, nunca acudiría a un especialista creyente.

[41] *¿Por qué somos egoístas?* http://feliciteca.com/por-que-somos-egoistas/. (Visto 6-11-19).

amamanta a su hijo, decide darle vino con cierto grado de alcohol, el bebé lo rechazará, por no ser consciente del gen heredado de su madre. Pero si su madre insiste y el hijo lo acepta, despertará ese gen y llegará a ser alcohólico de 2 a 5 veces más rápido que un bebé de madre no alcohólica.

c) Dawkins está en lo cierto con respecto al gen egoísta que nos viene por herencia. Lo que no probó, es que ese gen lo recibimos de los simios, como si nosotros fuéramos unos santitos y ellos los culpables. Además, desde la década de los 80, la teoría de la evolución está siendo seriamente cuestionada por científicos con premios Nobel, de diversas especialidades biológicas.

Algunos estudiosos sostienen que el egoísmo no es más que un instinto de protección y supervivencia desde que el hombre entró en rebeldía con su Creador, y después de que el ser humano se haya tenido que adaptar a un mundo en extremo competitivo. Es una conducta protectora de quienes sienten una gran debilidad y sensación de inferioridad y tienen complejos para resolverlo. El celar en exceso un objeto o incluso a una persona, demuestra que quien cree tener posesión sobre ellos siente también un enorme miedo de perderlos, por lo que su primera reacción es tratar de acapararlos. Un sujeto generoso es por naturaleza, más seguro que quienes le rodean.

Pero el egoísmo también puede ser una conducta aprendida por el entorno, pues no hay que olvidar que todo aquello que miramos, escuchamos y absorbemos en nuestros primeros años de vida, es prácticamente lo que llega a definirnos como personas. Es común que un niño al que no se le enseña la importancia de compartir y que también ve restringidas las muestras de afecto, se forme la idea de que si quiere algo habrá de conseguirlo sin esperar mucho de los demás. Esto le hará recelar de quienes le rodean mientras va creciendo y favorecerá una actitud de desmesurado interés sobre sí mismo.

Generalmente, a todos se nos ha enseñado desde chicos que poseer bienes materiales y dinero y conseguir un empleo, debe ser nuestra máxima aspiración en la vida. Pero el egoísmo desmesurado es un camino sin retorno hasta la absoluta infelicidad.[42]

Muchas veces el carácter egoísta es formado por padres sobreprotectores, cuando se desvelan por dar a sus hijos no sólo todo lo que piden, sino también lo que creen que necesitan según ellos ven en los mejores niveles de la sociedad. Así van formando a sus hijos con la idea de que son superiores a los que los rodean. Pero cuando llegan las dificultades, y se dan cuenta que no están preparados para superarlas, caen en un profundo desaliento, llevándolos a las drogas y otros medios esquivos de la vida.

En base a su experiencia en el campo de concentración en Auschwitz, Viktor Frankl creó el método de la logoterapia, para ayudarnos a cumplir los deberes de la vida y enfrentar las dificultades que se nos presenten. Compara la vida a un campo de concentración, donde no queda otra salida que buscar el lado positivo para enfrentar la situación. Y uno de sus lemas favoritos fue: "No hay nada en el mundo que capacite tanto a una persona, para sobreponerse a las dificultades externas y a las limitaciones internas, como la consciencia de tener una tarea en la vida". Esto también lo dice su frase célebre: "La meta no es la felicidad, sino el camino a esa meta". En lugar de desesperarnos por alcanzarla, es mejor estar ya

[42] *Estudio sobre la Naturaleza del Hombre* PDF. En: https://estudialabiblia.co/2016/08/25/estudio-naturaleza-del-hombre/. (Visto el 9-10-19).

ocupados para eso. Y en lugar de amargarnos y hundirnos en una depresión por los problemas, es mejor buscar la salida en el lado positivo.[43]

¿ES VERDAD QUE NACEMOS CULPABLES DE PECADO?

El "gen egoísta" de Richard Dowkins y la naturaleza culpable de pecado que proclaman varias iglesias cristianas, donde para salvarnos del juicio del infierno es necesario el bautismo de los infantes, tiene buena parte su origen en la filosofía de Platón, y sus seguidores que se hicieron cristianos en el siglo I de nuestra era, confirmándose en el siglo II por Ireneo, obispo de Lyon. Otros padres eclesiásticos como Agustín de Hipona (354-430) también desarrollaron la doctrina, quienes la justificaron en las enseñanzas de Pablo de Tarso (Romanos 5:12 y 1 Corintios 15:21) y principalmente en la declaración del rey David en Salmos 51:5.

Tertuliano, Cipriano, Ambrosio y Ambrosiaster consideraron que la humanidad comparte el pecado de Adán, trasmitido de generación en generación. Una interpretación semejante hicieron Martín Lutero y Juan Calvino, quienes la identificaron con la concupiscencia que destruiría el libre albedrío. La Iglesia católica declara que "El bautismo, dando la vida de la gracia de Cristo, borra el pecado original y devuelve el hombre a Dios, pero las consecuencias para la naturaleza, debilitada e inclinada al mal, persisten en el hombre y lo llaman al combate espiritual."

¿Es bíblica la doctrina del pecado original? Pablo de Tarso le da su debido lugar: "Así como el pecado entró en el mundo por un hombre, y por el pecado la muerte [la pérdida de la inmortalidad para que las consecuencias del mal no sean eternas: Génesis 3:3; Juan 3:16], así el pecado pasó a todos los hombres, **pues todos pecaron**" (Romanos 5:12).

No somos culpables por la desobediencia de nuestros padres o de algún otro, sino porque nosotros también pecamos. De lo contrario, estaríamos obligando a Dios a contradecirse, cuando afirma: "El alma que pecare, esa morirá; **el hijo no llevará el pecado del padre**, ni el padre llevará el pecado del hijo; la justicia del justo será sobre él, y la impiedad del impío será sobre él" (Ezequiel 18:20). El sabio y justo Dios no podría dictar una norma diferente. Lo que heredamos son los genes que son despertados cuando repetimos la misma acción pecaminosa de nuestros ascendientes.

Es cierto que todos heredamos las consecuencias del pecado de nuestros primeros padres, que incluye no solamente los genes, es decir las tendencias inconscientes a pecar, sino también la pérdida de la vida eterna (Romanos 6:23). Esta es la causa por qué Dios, que nos ama, preparó su plan de salvación, pagando él por nuestras culpas cuando nos arrepentimos, y aceptamos su salvación gratuita (Juan 3:16; Romanos 3:23-25). No hay otro plan mejor, pues anular la ley eterna significaría el caos universal. Y cambiarla, llevaría a los mundos habitados a la pérdida de la fe, la confianza en el trono divino y finalmente a una

---

[43] Viktor Frankl, *El Hombre En Busca De Sentido. Resumen y 5 mejores Ideas.*

inseguridad total. Pero, por otro lado, queda un problema que todavía la Divinidad no ha resuelto:

"**Ni el padre llevará el pecado del hijo**". Así dijo Dios, y lo hemos leído en Ezequiel 18:20. Entonces al querer salvarnos por amor, ¿Dios también debe resolver esta injusticia? Por supuesto. Si no lo resuelve también habrá problemas eternos. Esto explica por qué el profeta Daniel profetizó que después de un largo período de tiempo, "el santuario [del cielo] será purificado" (Daniel 8:14: hebreo *tsadác*: rectificar, justificar, purificar). ¿Rectificar el santuario celestial? Así lo dice, pues mientras Dios no cargue la culpa sobre el originador del mal, que no es Jesús sino Satanás; y que lo hace por amor a los que todavía no lo han aceptado ni ven las consecuencias, la Deidad estará incumpliendo la declaración de Ezequiel 18:20.

Los ritos del santuario de Moisés lo representaban con el velo del santísimo manchado con la sangre de los perdonados, y sobre la misma presencia divina del santísimo (Levítico 16:15,16), cuando al fin del año religioso era purificado al cargar las culpas sobre un macho cabrío, que representaba a Satanás y sus seguidores (Levítico 16:20,21). Si Dios no cumpliera su ley hasta lo más mínimo, su gobierno, basado en el amor y el libre albedrío, se desmoronaría muy pronto. Y el apóstol Juan nos informa que esto se cumplirá 1000 años después de la segunda venida de Cristo; y después que todos los santos lean los registros de todos los hechos realizados, y los confirmen (Apocalipsis 20). Entonces Satanás y sus seguidores serán destruidos y convertidos en "ceniza sobre la tierra" (Ezequiel 28; 18,19); "ceniza" que servirá de alimento mineral para los vegetales, y sobre las cuales pisarán los justos en la tierra renovada y eterna (Malaquías 4:3).[44]

¿Y por qué el salmista David afirma que somos pecadores desde el nacimiento, es decir antes de cometer pecado? Esto explicaría la necesidad del bautismo a los bebés. Pero David no escribió esto. Él dice: "En maldad he sido formado, y **en pecado** (hebreo *kjet:* pecado, no *kjatta*: pecador, culpable) me concibió mi madre" (Salmos 51:5). Si además que los niños nacieran contaminados por el mal, fueran pecadores, es decir culpables antes de pecar a sabiendas, esos inocentes no podrían heredar "el reino de los cielos", como prometió Jesús (Mateo 19:14), sino el infierno, como todavía enseñan muchos teólogos cristianos. Esto explica por qué ellos bautizan a los bebés, cuando no saben nada de lo que es pecado y moralidad y no saben de qué arrepentirse (Mateo 3:6; Hechos 2:38). Lamento que se enseñe algo tan lejos de la enseñanza bíblica.

La verdad no está en el cristianismo gnóstico de una mente en "pecado original", ni en el platonismo de un cuerpo que no podrá ser transformado ni resucitado para vida eterna, sino en la Palabra de Dios: "El cual [Cristo] transformará el **cuerpo** de la humillación nuestra, para que sea semejante al **cuerpo de la gloria suya**" (Filipenses 3:20,21).

Si el cielo donde los justos vivirán gozosos, estaría un poco más allá de las nubes que vemos, donde nada es material, como creen los cristianos platonistas, ¿para qué el Señor Jesús fue a preparar "moradas" para nosotros (Juan 14:1,2) sobre una "lejana tierra" (Isaías 13:5)? Y en el terreno que se nos asigne, ¿por qué plantaríamos viñas para alimentar un cuerpo inmaterial (Isaías 65:21)? ¿Para qué se nos informa que allá existe un árbol que cada mes da un fruto diferente (Apocalipsis 22:2)? ¿Y por qué nos dice que es "para medicina" de

[44] Vemos que la creencia generalizada de un castigo por fuego en el centro de la tierra, es invento humano heredado desde los tiempos de Babel, la antigua Babilonia.

nuestro cuerpo, a fin de que viva eternamente (Ezequiel 47:12)? Lo espíritus no necesitan nada de esto.

EN BUSCA DE LA INMORTALIDAD

Después que el ex presidente norteamericano Bill Clinton y el primer ministro británico Tony Blair anunciaron oficialmente el primer borrador del genoma humano, cuyo texto codificado se calcula en 3.200 millones de "letras", ordenadas asombrosamente para formar el gran "libro" de la vida humana, se desató una gran contienda científica, filosófica y religiosa que no ha terminado. Muchas puertas se han abierto desde entonces, que permiten a los científicos soñar en lograr una vida mucho más sana. Incluso, algunos creen que se podría lograr la inmortalidad del hombre.

El instinto de conservar la vida y el deseo de vivir eternamente, están muy grabado en el pensamiento del hombre. Por esa causa existe en los EE.UU. lugares disponibles, para que los ricos que quieran congelar a 196 grados bajo cero a sus queridos que han fallecido, puedan volverlos a la vida cuando la ciencia avance lo suficiente. Pero no toman en cuenta que la misma temperatura que conserva los cuerpos, es también la causa de que muchas de sus células cerebrales se destruyan. Otros creen que pueden ser inmortales duplicándose a sí mismos mediante la clonación. Pero los seres clonados parecen mostrar un envejecimiento acelerado. Y aunque se podría duplicar un cuerpo humano, no se lo podría lograr con la parte consciente de su cerebro, pues cada individuo desarrolla su propia clave para asociar sus ideas, y depositarlas en el banco de su memoria mediante el hipotálamo, que es su principal motor. Por lo tanto, nunca podrán ser conscientes de los mismos pensamientos, y menos sentirse como el mismo ser.

Otra noticia que ha causado esperanza de inmortalidad, son las sustancias químicas como la "telomerasa", que pueden detener el envejecimiento de las células. Pero muchos hombres de ciencia creen que la muerte no viene sólo por la falta o la degeneración de esa proteína en sus cromosomas. Lo mismo se puede decir de la "tiroxina": una sustancia antioxidante que se prepara en los laboratorios. Otro antioxidante es el Reverastrol, que se obtiene con el consumo de la uva y la nuez. Steven Austad probó en ratones con su "hormona del crecimiento" con cierto éxito, pero no se sabe qué resultados se podrán producir en el hombre.

También podemos mencionar "el gen del envejecimiento" que Cynthia Kenyoncree haber encontrado, y que podría ser eliminado o modificado para alargar la vida. En la Universidad de Aberden, al norte de Escocia, aseguran que crearon una pastilla que alarga la vida porque ayuda a liberar los radicales libres, que son los que dañan los tejidos. Y en la University of Texas Soutwestern Medical Center, dicen que encontraron el gen Cloto, que evita que las células se dañen. [45] Sin embargo, a pesar que la ciencia ha ayudado al hombre a vivir unos años más, nunca podrá darle muerte al poder que nos lleva a la muerte.

Cuando cierta vez dialogaba por radio con un sacerdote católico acerca de la condición del alma en la muerte, un radioescucha que decía ser científico, argumentó que el alma tiene que ser eterna porque la primera ley de la termodinámica nos dice que la energía puede transformarse pero no morir. El argumento parece ser muy razonable, hasta que nos preguntamos: "¿Ha probado, la ciencia, que el alma es una energía controlada por esa ley de la termodinámica, o es el resultado de la acción cerebral?"

Cuando conectamos el "cuerpo" de un televisor con la corriente eléctrica, la imagen que vemos en la pantalla, ¿es energía, o el resultado de la unión del cuerpo del televisor con la electricidad? La energía se visualiza por el gran número de puntos luminosos que se forman en el cristal líquido de la pantalla. Pero las imágenes que se forman es el resultado de esa energía, no la energía misma.

Según leemos en la Biblia, el alma (*néfesh*) llega a existir por la unión del cuerpo con la energía de vida de Dios. No es una tercera sustancia que Dios agrega. El tercer elemento se forma **como resultado** (Génesis 2:7): "Yahweh Dios formó al hombre del polvo de la tierra, y sopló en su nariz aliento de vida, y fue el hombre un ser (hebreo *nefésh;* alma) viviente".

Entonces, el hombre de ciencia no puede llegar a una conclusión sin antes probar que el "alma" es una energía; un ser, como creen muchos, o es su resultado, como lo dice la Biblia, y como lo es también la imagen en la pantalla de un televisor. En el segundo caso, no esperemos que el alma —o la imagen del televisor— sea eterna, a menos que quien la produce —el cerebro humano o el televisor— sea eterno.

Continuando con el ejemplo de la imagen en el televisor. ¿Qué ocurre con ella cuando separamos el cuerpo del aparato de la energía eléctrica? ¿La imagen queda guardada dentro del televisor? ¿Sobrevive y sale del aparato o vuelve a la corriente eléctrica? No, porque no es una energía, sino su resultado. Así que la imagen sólo puede ser eterna cuando el televisor puede permanecer prendido eternamente. Pero la segunda ley de la termodinámica nos dice que nada puede permanecer incorruptible, a menos que intervenga una fuerza inteligente y externa que pueda anular la ley de la entropía.

Fisiológicamente, el primer signo de muerte, después del paro cardíaco, es la pérdida irreversible de la actividad cerebral. La muerte se evidencia por el enfriamiento del cuerpo, la coagulación de la sangre con la muerte de las células en distintos tiempos, según la zona corporal; y la rigidez cadavérica, que se inicia entre las 5 y 10 horas posteriores a la muerte, y desaparece después de tres o cuatro días. También por la lividez cadavérica, coloración violácea que aparece en las partes declives del cuerpo, y finalmente por la putrefacción y la descomposición por la acción de enzimas y bacterias. Con la muerte, el oído es el último sentido en perderse; el primero suele ser la vista, seguido del gusto, el olfato y el tacto. Cuando se separa la cabeza del cuerpo, ésta permanecerá consciente de 15 o 20 segundos después de haber sido decapitada.

---

[45] Cynthia Kenyon, la genetista de la inmortalidad. En: https://www.lavanguardia.com/ciencia/cuerpo-humano/20170603/423149237254/cynthia-kenyon-gen-envejecimiento-esperanza-vida.html.

Pero entre los hombres de ciencia se divulgó la teoría de que en el hombre existe un poder parapsicológico, como "una sustancia desprendida del cuerpo vivo";[46] o como el "fluido universal" de Mesmer y los campos electromagnéticos que sobrevivirían al hombre cuando muere. Posteriormente la teoría quedó descartada porque esa supuesta energía atravesó paredes contra toda onda magnética conocida.[47] Derrotada la hipótesis energética, se fortaleció la teoría idealista y vitalista, que habla del *psi-gamma*, generalmente llamada "alma", o fuerza espiritual que sobrevive al cuerpo del hombre por cierto tiempo[48] —aquí, aunque aceptan la supervivencia del "alma", se oponen a los religiosos que hablan de un alma eterna.

Poco a poco los parapsicólogos anglosajones fueron apoyándose en una "concepción espiritualista del hombre". El Dr. J. B. Rhine, de la Universidad de Duke, EE.UU., llevó las investigaciones al ámbito académico. Y fue él quien llegó a decir que la parapsicología "viene a socorrer a la religión debilitada; le ofrece una base científica; la justifica y demuestra su verdad ante los incrédulos".[49]

Pero en la teoría de Rhine se destacan dos grandes errores: El primero, que la telepatía, la telequinesis, y todos los fenómenos que son superiores a la capacidad humana, no demuestran que el inconsciente o subconsciente del hombre sea capaz de producirlos. No probó que son fenómenos "parapsicológicos" —capacidades mentales del hombre más allá de las normales—, sino solamente que una parte de estos fenómenos se producen **con relación** al hombre; y que muchos de ellos son "supra-normales" y "supra-humanos".[50] Es decir que supera la capacidad humana. Pero, ¿cuál es el origen y cómo se producen los poderes paranormales? Estas preguntas todavía no tienen respuesta. Por lo tanto no pudo llegar a una conclusión seria.

Este primer error lo llevó al segundo: Que los fenómenos supra-normales, que dijo que se producen mayormente después de la muerte, testificarían del *psi-gamma*: "la supervivencia del espíritu" humano.[51] Los astrofísicos Michael Scott y Fred Alan Wolf, creen que el avance de la física cuántica ha producido una descripción de la realidad, que permite creer en la existencia de universos paralelos con seres espirituales. Thoules le llamó *shin; y Hans Driesch* propuso que es el producto "de la unión, de la profunda unidad de todas las almas individuales, fragmentos de un alma superior".[52]

El Vaticano se ha interesado mucho en este tema. Como respuesta a las investigaciones que presentó el padre Gemelli, el Papa Pío XII respondió: "Querido Padre Gemelli, no tiene que preocuparse por eso. La existencia de esa voz es estrictamente un hecho científico y no tiene nada que ver con el espiritismo. La grabadora es totalmente objetiva,

---

[46] Rene Sudre, *Tratado de parapsicología (TP),* (Bs. As.: Edic. Siglo XX, 1975), p. 52.

[47] Ibíd., p. 232; R. Amadu, *La parapsicología, historia y crítica (PHC),* (Bs. As.: Edit. Paidós, sin fecha), p. 161, 264.

[48] *TP,* p. 387; *PHC,* pp. 296,298,299, 336, 370.

[49] *PHC,* p. 370.

[50] Él mismo dijo que este fenómeno supranormal "es probablemente normal también en medida mayor en el mundo animal que en nuestra especie". J. B. Rhine, J. G. Pratt, *Parapsicología (P),* (Bs. As.: Edit. Troquel, 1965), p. 107.

[51] *P,* p. 146.

[52] *PHC,* pp. 298,299.

recibe y graba solamente las ondas sonoras, vengan de donde vengan. Este experimento puede quizás llegar a ser la piedra angular de un edificio para estudios científicos que fortalecerá la fe en la post vida de la gente."[53].

Pero, ¿probó Rhine su teoría de la supervivencia del alma; y que, por lo tanto, la Biblia está equivocada, cuando atribuye estos fenómenos supra-humanos a los ángeles que se rebelaron contra Dios (2 Corintios 11:13-15; Apocalipsis 12:9,12)? En absoluto. Si el "alma" fuera un ente separado de nuestro cuerpo; que vive con nosotros y sobrevive en la muerte, ¿qué función cumple nuestro cerebro? ¿Es que es un simple conductor del "alma"? No. Hoy se sabe que es la supercomputadora más completa y perfecta que se conoce, capaz de generar el pensamiento elevado que nos diferencia de los animales. Y, puesto que el alma no es una existencia paralela que habita en el cerebro y lo dirige, sino que es el **resultado** de su funcionamiento, como veremos, las substancias químicas que alteran el comportamiento de nuestras células cerebrales, también alteran la conducta del alma (el pensamiento).

Los psiquiatras no son charlatanes. Ellos saben que si a un sujeto se le administra amital o citrato de cafeína, no se exaltará porque su alma se altera por alguna causa celestial o de ultratumba, sino por la acción de las drogas que actúan en las células cerebrales. El comportamiento desinhibido, grotesco y violento de un alcohólico, no se debe al cambio de conducta de un alma que habita en el sujeto, sino por la acción del alcohol en la corteza cerebral. Cuando un cirujano opera el cerebro, y logra restablecer la circulación de la sangre en un anciano que estaba comportándose en forma anormal, sabe que su conducta volverá a la normalidad por la cirugía, no por obra de su ente espiritual. Y si en un accidente, un hombre pierde una parte de su materia encefálica; es operado, pero desde entonces tiene dificultad para hablar y recordar cosas, no es porque su alma está distraída o se fue a pasear, sino porque perdió parte del archivo de su memoria. Y tampoco el alma abandona a un sujeto cuando en él se introduce Metirapona, que tiene la particularidad de bloquear los malos recuerdos (debo aclarar que quien escribe, cree en la esperanza bíblica de la inmortalidad. Pero esta inmortalidad no es nuestra, sino que vine de Dios. Luego volveremos a esto).

Otra evidencia que los científicos presentan en contra de la supervivencia del alma, es la enfermedad de Alzheimer, que destruye lentamente las células del cerebro. A medida que la enfermedad avanza, la memoria y el entendimiento se deterioran, hasta que finalmente el paciente deja de pensar y muere. Si el alma fuera un ente separado del cerebro que lo habita, lógicamente esta enfermedad no le causaría ningún daño. Y nos lleva a la pregunta: "Si el alma no sobrevive por la enfermedad, ¿cómo podría sobrevivir con la muerte irreversible?

Podemos destacar otra evidencia de la dependencia de los pensamientos y el cerebro, en los pacientes que han sido sometidos a operaciones de separación del cuerpo calloso, para disminuir los ataques epilépticos. El cuerpo calloso es una ancha banda de fibras que conectan directamente los hemisferios derecho e izquierdo del cerebro. Si solamente se presenta información a un hemisferio de un paciente con "cerebro dividido", el hemisferio opuesto no se apercibe de dicha información y no es capaz de comprender las reacciones del

[53] Periódico italiano *Astra*, (junio de 1990), citado por Kubris y Macy. 1995:102)

hemisferio con información. Lógicamente, si el alma no fuera el producto del mismo cerebro, este problema no existiría.

Si esto es claro, ¿por qué, entonces, algunos científicos – entre ellos algunos bien conocidos como Emmanuel Kant, Alfred Wallace, Thomas Edison, Albert Einstein, William Crookes, Arthur C. Doyle, P. Lodge, A. Findlay, C. Flamarion, Baraduc, Richet, Marconi, Myers, James y Carrington—, sostuvieron y sostienen la teoría de que existe un alma que sobrevive al hombre que muere?

Cuando el corazón deja de latir, el córtex cerebral, la 'parte pensante' del cerebro, baja su actividad de manera instantánea, lo que significa que no se producen ondas cerebrales, al menos visibles en un monitor, durante alrededor de 20 segundos. Esta primera reacción inicia una cadena de procesos celulares que resultan en la muerte cerebral. Pero, según el Dr. Parnia, "hasta que esto sucede, pueden pasar horas desde que el corazón deja de funcionar".[54]

Ante un paro cardíaco, la pérdida de la conciencia sobrevive unos 8 segundos, y la actividad eléctrica cerebral superior cesa en no más de 20 segundos. Pero si, mediante aparatos, oxigenamos, limpiamos la sangre con un riñón artificial y alimentamos con esa sangre la cabeza de un hombre decapitado en un accidente; le conectamos unos electrodos y lo unimos a un tomógrafo de positrones —como lo hizo en 1984 el equipo del Dr. Edward Rellet, en Ohio, EE. UU.—,[55] ese cerebro podrá mantenerse vivo, pero se irá apagando —porque el cerebro depende de los órganos de nuestro cuerpo— hasta morir a los 12 días.

Durante esos días, la mente —ya muy perjudicada, por supuesto— pensará y recordará lo grabado en el archivo de la memoria sin ser consciente, así como lo puede hacer una computadora. Mediante el tomógrafo, se podrá ver cómo ante un estímulo se colorea una zona de la corteza cerebral, y luego hace conexiones con otras zonas grabadas —pensamiento mediante asociación de ideas—; pero en medio de un silencio y oscuridad total, porque no podrá ser consciente de ver, sentir o escuchar algo, ni darse cuenta de que estaba pensando algo.

Lo que los hombres de ciencia han logrado en este caso, fue mantener en actividad la parte inconsciente —donde se incluye el subconsciente— de ese cerebro. Pero lo propuesto por la teoría de la supervivencia del alma, no se cumplió. La mayoría de los parapsicólogos propone que los fenómenos parapsicológicos más extraordinarios se producen por el inconsciente. Pero aquí, aunque el inconsciente estaba en actividad, no se produjo ninguna acción paranormal, y menos supra-normal. Por lo tanto, esta hipótesis no tiene valor. Los desmayos, los síncopes, los diversos estados de coma, ya sea por causas tóxicas, hepáticas, diabéticas o urémicas, nos dicen claramente que en la pérdida del conocimiento no hay manifestaciones parapsicológicas del "alma", sino una clara inactividad consciente.

Si la vida continuase tras la muerte, el campo cuántico habría revelado partículas y fuerzas espirituales: "Las afirmaciones de que alguna forma de conciencia persiste después

---

[54] El cerebro se mantiene consciente después de la muerte. En. https://www.muyinteresante.es/ciencia/articulo/el-cerebro-se-mantiene-consciente-despues-de-la-muerte. (Visto el 7-11-2019). En verdad se mantiene consciente hasta 20 segundos. Luego la actividad cerebral superior deja de ser consciente; y si se lo conecta a un respirador artificial, continúa inconscientemente, como cuando dormimos.

[55] "Ya se puede fotografiar el pensamiento", *Muy Interesante (MI),* (diciembre de 1981), pp. 6,7.

de que nuestros cuerpos mueran y se descompongan en átomos constituyentes se enfrenta un gran obstáculo insuperable: las leyes de la física que subyacen a la vida cotidiana. Todo debe suceder en esos márgenes, y no hay manera, en esas leyes, de permitir que la información almacenada en el cerebro persista después de que muera" en el consciente de ese cerebro, explica el Dr. Carroll.[56]

Un neurólogo de la Universidad de Ontario (Canadá), Michael Persinger, ha podido inducir la misma percepción de desdoblamiento en sujetos "vivos" mediante la aplicación de un campo magnético al lóbulo temporal del cerebro (*Scientific American* 2003). Según la revista *Nature* también la Universidad de Ginebra llegó a conclusiones similares un año antes mediante la estimulación eléctrica del lóbulo temporal.[57]

Pero para Rhine y muchos otros parapsicólogos, los fenómenos que no pueden realizar los dotados en vida, pueden realizarlos en la muerte, especialmente desde el coma irreversible. Pero nunca pudieron dar una sola prueba de que el alma se transforme en un superhombre, con capacidades que no tenía en vida. Esta creencia se originó en la Babilonia antigua. Por eso, no es un estudio para la ciencia tratar de probar la creencia hoy generalizada, de que al morir el hombre éste se transforma en un ángel o en una especie de dios con poderes parapsicológicos y supra-humanos. Un siglo después de haberse fundado la Sociedad para Investigaciones Psíquicas, sigue existiendo una total carencia de consenso referente a la veracidad de cualquier fenómeno parapsicológico. Es obvio suponer que la carencia de consenso es debida a la falta de evidencia.

El famoso astro-físico Stephen Hawking resumió el pensamiento científico ateo sobre el tema, en *The Guardian,* con estas palabras: "Veo al cerebro como una computadora que dejará de trabajar cuando sus componentes fallen. No hay cielo ni vida después de la muerte para las computadoras". Pero el Dr. Raymond A. Moody hijo, publicó en 1975 su *best-seller: Vida después de la Vida,* donde presenta un centenar y medio de casos que se acercaron a la muerte, o fueron resucitados por los modernos métodos de reanimación y resucitación. Y cuenta que la mayoría de los pacientes que él entrevistó después de su mejoría, contó haberse liberado del cuerpo; elevarse y pasar por un oscuro túnel hacia una luz, donde encontró una sensación de paz y bienestar.

Kenneth Ring, de la Universidad de Connecticut, presentó un buen número de estas experiencias, y estableció la IANSDS (*International Association for Near Death Studies*) en 1977. Otros estudios, como los de Karlis Osis y Erlendur Haraldsson (1977), Michael Sabom y Sarah Kreutziger (1976), Bruce Greyson y Ian Stevenson (1980), Craig Lundahl (1981) y Elisabeth Kübler-Ross (1983), describen experiencias similares.

Pero hoy, para los hombres de ciencia, hablar de la muerte de alguien no es dar una información suficientemente clara. La razón es que no todos los que parecen muertos lo están realmente. Por eso los tanatólogos distinguen tres etapas de muerte: La muerte aparente, la muerte relativa —pacientes que se los mantiene vivos con ausencia de actividad de los

---

[56] Teoría cuántica de campos. En: https://www.elconfidencial.com/alma-corazon-vida/2017-11-12/vida-despues-de-la-muerte-imposible_1475641/. (Visto el 7-11-19).

[57] Evidencias científicas de la vida después de la muerte, En: https://www.espaciomisterio.com/misterios/evidencias-cientificas-de-la-vida-despues-de-la-muerte_18230.

centros cerebrales superiores— y la muerte absoluta o irreversible. Y **ninguno** de los que apoyan la creencia del Dr. Raymond Moody, **presentan en sus libros algún caso de muerte absoluta.** Es decir, que en ningún caso de reanimación hubo una **vuelta** a la vida. O, como Moody titula su obra, hubo *Vida **después** de la vida.*

Recordemos que las células del cuerpo no mueren inmediatamente con el paro cardíaco. Por ejemplo, el corazón paralizado puede vivir todavía 15 minutos; los riñones hasta 30 minutos; y las uñas aún después del entierro. Por eso se pueden hacer trasplantes de tejidos y órganos de personas que ya murieron de muerte irreversible.

En unos cuantos casos que presenta el Dr. Moody, los pacientes creyeron estar a punto de morir, pero ni siquiera estaban cerca de ella. En otros casos escucharon el comentario de que estaban muertos;[58] y, sin embargo, contaron haber pasado por las experiencias que Moody describe como evidencias de la supervivencia del alma, y la vida en "el más allá", cuando en realidad estaban en el más acá en un estado semi-inconsciente. En el mejor de los casos, hubo algunos paros cardíacos reanimados enseguida. Aquí es cuando se verificó un acumulamiento de bióxido de carbono, que produce los efectos análogos a los que producen ciertos alucinógenos como la mescalina y el LSD.

El Instituto Gallup mostró que la gran mayoría de los encuestados y que estuvieron cerca de la muerte o estuvieron clínicamente muertos, no vio nada de lo que presenta el doctor Moody.[59] También en 2001 se hizo una investigación con 344 pacientes holandeses que habían sufrido la muerte clínica, pero sólo el 18% de ellos recordó haber vivido alguna de esas experiencias. En una encuesta norteamericana realizada en 1980, sólo el 15% de los que sufrieron un paro cardíaco, participaron de lo que destaca Moody. En 2001 hizo esta investigación el cardiólogo holandés Pim van Lommel, dándole un 18%.[60] Consciente de la falta de pruebas para documentar su hipótesis con criterio científico, Raymond Moody confiesa al final de su libro: "Insisto en que no me engaño pensando que he probado que hay vida después de la muerte".[61]

El psicólogo Mario Pereyra, de la Universidad Adventista del Plata, informó que los que se drogan con estos psicofármacos suelen describir las mismas sensaciones de ingravidez y de desprendimiento del cuerpo. Llegaron a verse a sí mismos desde afuera; contaron de visiones de luz y hasta de la visita de criaturas insólitas.[62] Experiencias semejantes también pueden encontrarse en los delirios de los esquizofrénicos.

El psiquiatra británico Karl Jansen, que ha publicado recientemente "Ketamine: Dreams and Realities" (2001), lleva años estudiando el efecto de la ketamina, un anestésico con conocidos efectos alucinógenos y disociativos, comprobando que usando esta sustancia se pueden reproducir estas experiencias en las que se experimenta la sensación de estar fuera del cuerpo, se viaja por un túnel o se llega a hablar con Dios. Muchas de estas experiencias se producen en pacientes en unidades de cuidado intensivo hospitalario, donde reciben fármacos anestésicos que pueden generar sensaciones similares, posiblemente debido a la

---

[58] Raymond A. Moody, Jr., *Vida después de la vida (VDV),* (Madrid: EDAF, 1977), pp. 47,55,69,70,74, etc.

[59] "Vida después de la vida: ¿realidad o ficción?", *Vida feliz,* (Bs. As.: ACES, Nº 12, 1993), p. 18.

[60] Ángel Sabadell, "¡Vi la luz!!, *MI,* año 24, Nº 288, (Bs. As.: Editorial Televica, octubre 2009), p. 20.

[61] *VDV,* p. 167.

[62] Ibíd., p. 19.

liberación del glutamato, un aminoácido que juega un papel muy importante como neurotransmisor en los procesos cognitivos radicados en el cortex cerebral: el pensamiento, la memoria y la percepción.

James E. Whinnery, de la Universidad West Texas A&M, dijo en 1997 que estas experiencias mencionadas por Moody, son conocidas entre los astronautas que deben prepararse con los aceleradores gravitatorios.[63]En una película documental presentada en 1999 por TV Quality, se pudo ver la reacción que tienen estos astronautas en la cabina de ingravidez. Se presentaron varios ejemplos, y en todos los casos que se aumentaba la velocidad, la reacción de los astronautas fue semejante: Primero, se mostró la desfiguración del rostro, que se lo veía tenso. Luego llegó el momento cuando la presión era tal que los pilotos comenzaron a perder la conciencia; cerraron sus ojos, perdieron el control de su cuerpo, y de inmediato la cabeza se fue hacia un lado.

Cuando se redujo la velocidad de la nave espacial simulada, los astronautas comenzaron a recobrar la conciencia. Entonces abrieron bien los ojos y fijaron la mirada con sus pupilas dilatadas, tratando de ver un punto de luz en medio de una gran oscuridad –que en realidad no existía–. La luz pareció agrandarse, dando la sensación de estar avanzando hacia ella. Luego, ya aliviados de la presión, sus ojos miraron más normalmente, y en el rostro se dibujó una sonrisa en el momento cuando ya recobraban la plena conciencia.

Así podemos saber por qué los que pierden la conciencia en estos casos, creen ver una luz lejana al final de un túnel de oscuridad. Y se prueba que esa luz no se la ve, ni la sensación de bienestar se la siente en el momento de perder la conciencia, o cuando un paciente llega a la muerte clínica, sino **pocos segundos antes de volver a recobrar la actividad consciente**.

De esta manera, el popular argumento del Dr. Moody quedó anulado como prueba de la vida del alma después de la vida. Su renombrado viaje por el túnel desde el cuerpo moribundo al cielo, fue en realidad el viaje de regreso de la inconsciencia a la luz física y mental de la vida consciente. Y se llegó a saber, también, por qué cada paciente que dijo morir y volver a la vida, creyó ver el cielo como él se lo había imaginado antes —o se lo habían contado—; y por qué la mayoría no se puso de acuerdo en describir el mismo lugar de paz del más allá, que creyeron haber visto. Si el "viaje" al cielo hubiera sido real, lógicamente todos tendrían que haber dado las mismas descripciones visuales.

Un sondeo realizado por el Instituto Gallup, encontró que uno de cada veinte norteamericanos adultos que perdieron la conciencia, parecen haber vivido una experiencia como la descripta por el Dr. Moody, pero dentro de ese grupo sólo un porcentaje muy pequeño experimentó todas las sensaciones descriptas por él. Y por un estudio realizado por Kenneth Ring, psicólogo de la Universidad de Connecticut, el 60% de quienes estuvieron al borde de la muerte sintieron la sensación de flotar en el aire; sólo el 37% creyó salir del cuerpo y verse desde afuera; el 23% creyó pasar por el túnel, y sólo el 16% vio la luz.[64]

Cherie Sutherland estudió con 50 pacientes que estuvieron al borde de la muerte, y el 80% de los que creyeron estar en el más allá, creían en la reencarnación del alma. En la mayoría de los casos más destacados, había una conexión paranormal con el espiritismo.

[63] *MI*, p. 22.

[64] Ibíd., p. 18.

Entre ellos estaba Joe Mc Moneagle, con su "visión remota", que luego fue llamado para prestar apoyo a la CIA norteamericana, a fin de encontrar a criminales internacionales.

Es decir, que la mente de estas personas estaba predispuesta a ver lo que creían, y a los poderes con que se relacionaban. Pero como no había acuerdo en la descripción de lo que habían visto, el "viaje del alma" no pudo ser aceptado como algo real sino imaginado. En verdad, se dieron tantas versiones del más allá como creencias existen sobre el tema.

¿QUÉ SON ESAS ALMAS QUE DICEN VOLVER DEL MÁS ALLÁ?

Desde el renacimiento, el aumento del conocimiento fue desmoronando muchas supersticiones religiosas, y las academias científicas fueron poniendo en duda la existencia de los milagros y los poderes superiores al hombre. Pero desde 1848, las hermanas Kate Fox (1837–1892), Margaret Fox (1833–1893) y Leah Fox (1814–1890), llegaron a producir ante centenares de testigos, entre los cuales se presentaron varios científicos, una serie de fenómenos reales que no se los pudo explicar.

Estos hechos tuvieron una repercusión tan grande que tres años más tarde, cerca de treinta mil médium ya repetían estos extraños fenómenos en toda la América del Norte y en el Reino Unido; y los científicos formaban diversos centros de investigación.

Como los académicos no aceptaban teoría alguna donde Dios y los demonios estuvieran incluidos, la desmaterialización de objetos, los movimientos a distancia, la telepatía y la materialización de fantasmas, que el Dr. Crookes y otros comprobaron mediante las hermanas Fox, solo debían ser producidos por la mente humana.

Se creyó que estos fenómenos podían ser causados por ondas de energía electromagnética del cerebro, pero se comprobó que no tenían relación con el tiempo y las distancias, y atravesaban las paredes de las cámaras Faraday, que impiden toda onda conocida.[65]

En 1882 los investigadores W. Crookes, E. Gurney, H. Sidgwick y F. Myers (entre otros) fundaron en Londres la Sociedad de Investigaciones Psíquicas. Pero en el ámbito académico, el Dr. J.B. Rhine y su esposa Louise E. Rhine, de la Universidad de Duke (Carolina del Norte), fueron los primeros que abrieron en 1934 un centro de estudio en una universidad. Y como resultado de sus trabajos nació una nueva ciencia: "La Parapsicología" (ya acuñada en 1889 por Max Dessoir).

Nuevas universidades abrieron sus puertas a estas investigaciones: En 1953 en la Universidad de Utrecht (Países Bajos). En 1954, la Universidad de Friburgo de Brisgovia (Alemania). En 1960, en la Universidad de Leningrado (actual San Petersburgo). En 1962 en la Universidad de Edimburgo. En 1969, la *American Association for the Advancement of Science* (Asociación americana para el avance de las ciencias). En 1970 en la Universidad de

[65] R. Amadu, La parapsicología, historia y crítica (PHC), (Bs. As.: Edit. Paidós, sin fecha), p. 161, 264.

Cambridge. En 1973, el *Stanford Research Institute* (California) con el proyecto "Sophia", que investiga la permanecía de la personalidad después de la muerte, y la comunicación con los muertos. En 1975 en la Asociación Internacional de Investigación Kirlian. En 1976, en la Sociedad Española de Parapsicología. También en Universidad de Londres-Goldsmiths, y en la Universidad de Adelaida (Australia); en la Universidad de Varsovia; en la Universidad Lateranense del Vaticano, y en el Instituto Metapsíquico Internacional de París. También en la Universidad de Hertfordshirey, y en 1983 en la Universidad de Edimburgo. Y finalmente podemos nombrar a J. G. Pratt (1910-1979), cuando en un artículo en la revista Nature, presentó un sumario estadístico de más de una década de experimentos con el dotado psíquico Pavel Stepanek.

Pero la Fundación Educativa James Randi, se dedicó a negar los fenómenos paranormales, ofreciendo la suma de un millón de dólares a quien consiga demostrar un fenómeno paranormal. Pero la condición era que antes de la presentación, Randi pudiera examinar y determinar cuál podía ser la investigación aceptada o no, quitando así seriedad al desafío.

Las encuestas públicas revelan (según edad, sexo y país) que alrededor de un 75% creen o tuvieron experiencias con manifestaciones paranormales o presencias de fantasmas. Un estudio de Gallup11 en 2005 (EE. UU.), 73% de los encuestados creían en al menos uno de diez fenómenos paranormales, algunos incluidos en esta encuesta:

Percepción extrasensorial (41%)
Casas embrujadas (37%)
Fantasmas (32%)
Telepatía (31%)
Adivinación del futuro (26%)
Brujas (21%)
Comunicación con los muertos (21%).[66]

Pero el interés por el tema, mayormente por curiosidad, se ve por la cantidad de libros y películas que se ofrecen, relacionadas con el espiritismo y la magia. De las 25 películas más rentables de todos los tiempos, siete de ellas corresponden a la serie de ocho películas de Harry Potter, que ya ha recaudado varios miles de millones de dólares en taquillas.

Debido al fracaso para determinar la procedencia y el accionar de estas fuerzas que van contra la física, la mayoría de las universidades han elegido la opción más fácil y sencilla: No aceptarlas como reales, ni dar lugar en sus investigaciones a los fenómenos inexplicables. H. J. Eysenck y Carl Sargent, escribieron: "Algunos científicos no desean que lo paranormal sea investigado. Están convencidos en el interior de sus propias mentes de que tales cosas no pueden existir [...]. Nosotros debemos ser críticos, pero no escépticos".[67]

---

[66] Ximena S. Rabanal. https://es.slideshare.net/XimenaSanRab/los-fantasmas-forman-parte-de-nuestra-realidad-o-de-nuestra-herencia-cultural; ¿Por qué seguimos creyendo en fantasmas? http://www.abc.es/sociedad/20140906/abci-seguimos-creyendo-fantasmas-201409061255.html; News in Science. http://axxon.com.ar/not/168/c-1680110.htm.

[67] "PARAPSICOLOGÍA". https://es.wikipedia.org/wiki/Parapsicolog%C3%ADa.

¿Qué son las fuerzas "psi"?

El físico y premio Nobel Sir William Crookes, que ya desde 1870 venía investigando a fondo las manifestaciones mediúmnicas de Florence Cook y Daniel D. Home, comenzó a hablar de 'fuerza psíquica', es decir inteligente. Él dijo: "Desde el comienzo de mis investigaciones comprobé que el poder que producían esos fenómenos no era una simple fuerza ciega, sino que había una inteligencia que la dirigía o por lo menos que la acompañaba. Es a esa fuerza a la que he dado el nombre de 'psíquica".[68]

Esto fue confirmado cuando irrumpió en escena el biólogo norteamericano Joseph B. Rhine, que llevo sus investigaciones al ámbito académico. Hablaba del "psi" (fuerza psíquica), ya con un nivel científico más riguroso. Y como resultado de sus trabajos junto con William McDougall, nació una nueva ciencia: "La Parapsicología".

Con el tiempo Rhine aseguró que con la teoría del "psi", y especialmente del "psi gamma" (el alma), "la ciencia ha hecho por primera vez una contribución positiva al terreno sostenido por la religión".[69]

Pero aunque Rhine y sus colaboradores pudieron probar que muchos de estos fenómenos son reales, no pudieron demostrar que fueran producidos por la mente humana, ya que se comprobó que las apariciones y los fenómenos inteligentes se realizaban "en medida mayor" en el mundo animal, sin tener ninguna conexión con el hombre.[70] En Munich Karl Krall, adiestrador de animales, dijo que un caballo llamado Mohamed, resultó ser un genio matemático que "resolvía de memoria, y en pocos segundos, problemas que unos profesores tardaban quince veces más tiempo para solucionarlo en el papel".[71] Sabemos que no era el caballo, el superdotado que daba el resultado con el número de golpes en el suelo.

Estos hechos dieron un golpe mortal a todas las teorías existentes. No eran fuerzas magnéticas humanas ni alucinaciones, pues las negaban las jaulas Faraday y las máquinas registradoras. No era el psi-gamma producida por la mente de difuntos, pues la ciencia nunca pudo probar semejante hipótesis.[72] No eran figuras teleplásticas, pues Tyrrell argumenta que en este caso "el mundo se poblaría de apariciones".[73] Tampoco podía ser el producto de la mente animal, carente de los conocimientos que revelaban los hechos fotografiados y grabados.

Entonces, H. H. Price propuso que se trataría de imágenes psíquicas de los presentes que se materializaron.[74] Pero esta hipótesis también fue rechazada. Entonces, ¿qué o quiénes producían estos hechos extraordinarios? Los investigadores decidieron encerrarse en el silencio.

Con el tiempo regresó la idea del "psi-gamma" inteligente. Tyrrell le llamó el "yo ultraterreno"[75] por "la supervivencia de la personalidad".[76] Además, Sudré dijo que buen

---

[68] José Garrido, Fenómenos paranormales: ¿qué los causa? https://www.odiseajung.com/articulos/fenomenos-paranormales-que-los-causa/.

[69] J. B. Rhine, J. G. Pratt, *Parapsicología* (*P*), (Bs. As.: Edit. Troquel, 1965), p. 144.

[70] R. Sudré, *TP*, pp. 186,187; G. Tyrrell, *Apariciones*, pp. 119,120,239.

[71] *TP,* p. 408.

[72] G. Tyrrell, *Apariciones (A)*, (Bs. As.: Editorial Paidós, 1965), pp. 119,129,239,

[73] *A,* p. 239.

[74] Ibíd., p. 193.

[75] Ibid., p. 264.

[76] Ibid., 307.

número de científicos investigadores confirmaron la inexplicable aparición física de personas que dialogaron con los presentes.[77]

¿Se podía aceptar que la mente humana tuviera la facultad de crear o formar a otro ser vivo que se apareciera? Por supuesto que aquí muchos científicos se vieron desbordados para poder dar alguna respuesta coherente. Por eso unos cuantos abandonaron la investigación para luego negarlas. Y como algunos de estos fenómenos sobrepasaban la capacidad de la mente animal y humana, el parapsicólogo R. Amadou y otros les llamaron "poderes supranormales".[78]

Como según R. Thouless, en su libro Parapsicología, la mayoría de los investigadores cree en la supervivencia del alma; y los dotados de poderes paranormales fueron mediums que aseguraban recibir poderes de los espíritus de los difuntos, Rhine y buena parte de los investigadores occidentales propusieron la hipótesis de la supervivencia del "psi". Pero esta teoría no pudo explicar la existencia comprobada de fenómenos paranormales, pues si las almas de los vivos no podían realizarlos, porque superaba sus capacidades, tampoco era posible que esas mismas almas los hicieran después de la muerte.

Entre los hombres de ciencia también se divulgó la teoría de "una sustancia desprendida del cuerpo vivo";[79] o como el "fluido universal" de Mesmer y los campos electromagnéticos que sobrevivirían al hombre cuando muere. Pero la teoría quedó descartada porque esa supuesta energía atravesó paredes contra toda onda magnética conocida (jaula de Faraday).[80] Derrotada la hipótesis energética, se fortaleció la teoría idealista y vitalista, que habla del *psi-gamma*, generalmente llamada "alma", o fuerza espiritual que sobrevive al cuerpo del hombre por cierto tiempo[81] (aquí, aunque aceptan la supervivencia del "alma", se oponen a los religiosos que hablan de un alma eterna).

Con esto el Dr. J. B. Rhine llegó a decir que la parapsicología "viene a socorrer a la religión debilitada; le ofrece una base científica; la justifica y demuestra su verdad ante los incrédulos".[82]

Pero en la teoría de Rhine se destacan dos grandes errores: El primero, que la telepatía, la telequinesis, y todos los fenómenos que son superiores a la capacidad humana, no demuestran que sean producidos por el inconsciente o subconsciente del hombre. No se probó que son fenómenos "parapsicológicos" (capacidades mentales del hombre más allá de las normales), sino que, como vimos, sólo una parte de estos fenómenos se producen con relación al hombre. Y no podemos aceptar que los resultados entre animales, señalen mayor capacidad inteligente que nosotros, sino que, como ocurre con el hombre, serían médiums de poderes desconocidos. Esto se vio cuando Osty y Sudré informaron que en algunos casos "las informaciones supranormales no fueron extraídas de un ser vivo".[83]

---

[77] Sudré, *TP,* p. 39, 107.
[78] R. Amadou, *Parapsicología (Pa),* (Bs. As., Editorial Paidós, 1971), p. 145.
[79] Sudré, *TP,* p. 52.
[80] Amadu, *PHC,* pp. 161, 264.
[81] Sudré, *TP,* p. 387; *PHC,* pp. 296,298,299, 336, 370.
[82] Amadu, *PHC,* p. 370.
[83] Sudré, *TP,* p. 187.

El problema mayor es que muchos de estos fenómenos son "supranormales" y "suprahumanos".[84]¿Cuál es, entonces, el origen y cómo se producen los poderes paranormales? Hasta hoy no se ha podido dar una respuesta concreta.

Este primer error de Rhine lo llevó al segundo: Que los fenómenos supranormales, que dijo que se producen mayormente después de la muerte, testificarían del *psi-gamma*: "la supervivencia del espíritu" humano.[85] Pero vimos que nunca se probó que el *psi-gamma* aumente sus capacidades en la muerte. Esta es una creencia babilónica, no científica. Por lo tanto, Rhine no vino a ayudar a las religiones que creen en la inmortalidad del alma, sino a confundirlas.

Los astrofísicos Michael Scott y Fred Alan Wolf, creen que el avance de la física cuántica ha producido una descripción de la realidad, que permite creer en la existencia de universos paralelos con seres espirituales. Thoules le llamó *shin; y Hans Driesch* propuso que es el producto "de la unión, de la profunda unidad de todas las almas individuales, fragmentos de un alma superior".[86] También que "es una prueba de la existencia de un principio vital, y hasta espiritual, capaz de obrar sin intermedio físico".[87] Pero relacionar la física cuántica con la posible existencia de seres extrahumanos, es como pretender comparar las propiedades de las partículas subatómicas de una piedra con un hombre.

En base a esta hipótesis de la teoría cuántica en estudio, la 'Parapsychological Foundation' de Nueva York celebró en Ginebra (Suiza) un congreso bajo el título: 'Física Cuántica y Parapsicología', en el que participaron físicos de renombre. El parapsicólogo Hans Bender dijo que la colaboración incipiente entre parapsicólogos y físicos era el indicio de "una fase nueva interdisciplinaria de la investigación parapsicológica". Y el argumento era atrayente: Siendo que los físicos en cuántica, sospechan que una misma partícula física podría estar en distintos lugares a la vez, esto podría explicar las apariciones con fenómenos paranormales partiendo de un mismo medium.

Pero quedaban dos preguntas que responder: Si estas duplicaciones cuánticas se producen como sostienen los teóricos, ¿por qué sólo tendrían relación con los médiums y parapsicólogos que creen en la supervivencia del "psi"? Y si el "psi" del hombre vivo no está capacitado para realizar fenómenos supranormales, ¿por qué el mismo "psi" podría realizarlos en la muerte? Sabemos que en la muerte los hombres no se transforman en ángeles con superpoderes.

Así, desde los días de Rhine, la parapsicología sigue siendo discutida y por muchos rechazada como una teoría sin fundamento. Pero como los fenómenos se siguen produciendo ante la presencia de los investigadores, no sólo es motivo de humillación para muchos científicos, sino que también se sienten incómodos por no poder dar respuestas satisfactorias. Como dijeron J. Irwin y C. Watt, la Parapsicología "es el estudio científico de experiencias que, si son lo que parecen ser, están, en principio, fuera del dominio de las capacidades humanas".

---

[84] Él mismo dijo que este fenómeno supranormal "es probablemente normal también en medida mayor en el mundo animal que en nuestra especie". Rhine, *P,* p. 107.

[85] Rhine, *P,* p. 146.

[86] Amadu, *PHC,* pp. 298,299.

[87] ———, *Pa,* p. 336.

Poderes suprahumanos inexplicables:

Hubo un caso de estudio parapsicológico muy bien documentado con una mujer llamada Eusapia Paladino, de Nápoles. En presencia de esta mujer se sucedían fenómenos parapsicológicos extraordinarios. Sabios escépticos, materialistas de toda Europa, viajaron a Nápoles con el propósito de "desenmascarar el fraude", como lo decían en aquellos días. Se construyó todo un laboratorio. La sala estaba llena de instrumento para medir grabar y fotografiar. Había básculas muy sensibles, papel fosforescente, yeso, placas fotográficas para alta fidelidad, aparatos de música entre cajas de acero, debidamente electrizadas con alta tensión, etc.

Pronto vieron cómo la mesa que había con los instrumentos se elevó hasta cierta altura. La fotografiaron y examinaron si había algo entre la mesa y el techo o debajo de ella. Luego se elevó y quedó flotando en el aire un instrumento musical, que producía una música armoniosa y que quedó grabada y fotografiada como documento. Y ante la admiración de los investigadores, apareció en escena la madre de uno de los científicos, llamada Botacci, muerta hacía años. También fue fotografiada. Pero los científicos siguieron concentrados en su trabajo sujetando sus emociones. Y como habían planeado, obtuvieron moldes de yeso de su rostro y sus manos, pues la supuesta mujer permaneció paciente con ellos un buen tiempo.

Estas investigaciones con Eusapia siguieron durante tres años. Entonces William Crookes y su equipo decidieron ubicar a la mujer dentro de una cámara de Faraday, contra toda fuerza electromagnética y posibles fraudes. Y fuera de esta cámara y junto a los investigadores, pudieron ver y examinar también la aparición de una dama que decía llamarse Katye King, muerta hacía años; y experimentaron con ella hasta el fin de esos tres años. El último día ella abrazó a cada uno de los científicos y luego vieron como lentamente se fue desmaterializando hasta desaparecer, dejando caer un bucle de cabello en la misma sala de experimentación. El material probatorio registrado fue el mejor de la época.[88]

Con estas y otras investigaciones, se probó que, aunque los médiums podían ser el medio para acercarse a estos fenómenos, no tenían relación directa con ellos, ni con las apariciones, sino que se trataba de poderes inteligentes desconocidos que se agregaban a los médiums; y en muchos casos ellos se sorprendían porque no sabían quiénes eran ni de dónde venían. Además, los médiums encerrados en las cámaras Faraday, no tenían conocimiento de lo que se había producido del otro lado de las paredes forradas con plomo. Por hechos como este, Sudre confirmó que no todos los fenómenos se producen por los médiums.[89] Incluso podemos adelantar que estos hechos nos están diciendo que ninguno es producido directamente por ellos.

A mediados del siglo pasado Ted Serios llegó a ser famoso por sus "ideofotografías". Pedía que cualquier fotógrafo con cámaras Polaroid o cualquier otra, le sacara fotos en el momento cuando decía: "¡ahora!". Luego de la foto pedía a los testigos que vieran la revelación del negativo y la copia positiva, y en lugar de su rostro aparecían escenas de cualquier lugar. Los investigadores lo desnudaron, lo conectaron a un encefalógrafo y lo

[88] José Garrido, Fenómenos paranormales: ¿qué los causa? https://www.odiseajung.com/articulos/fenomenos-paranormales-que-los-causa/.

[89] *TP*, pp. 361,362.

encerraron en una cámara Faraday, vigilado por científicos. Entonces gritaba desde adentro: ¡ahora!, y el fenómeno igualmente se producía con escenas exteriores del momento, y con fotos de otros investigadores en la calle, a muchos metros de distancia.[90] Estos hechos nunca pudieron ser explicados por los que creen que son poderes parapsicológicos, es decir de la mente humana. No eran paranormales sino supranormales.

Kurt Koch cuenta en su libro, que en Japón existen sacerdotes budistas que se suben a la cima de una montaña, y allí se desmaterializan para aparecer materializados en otra montaña.[91] El 25 de junio de 2011, el conocido mago y medium Dynamo se acercó a la orilla del Tamesis (Inglaterra), puso un pie sobre el agua y comenzó a caminar sobre el río rodeado de embarcaciones. Cuando llegó a la mitad del ancho río se detuvo, porque la guardia marina se acercó y lo subió para llevarlo detenido por producir inconvenientes a los navegantes del momento. Miles de personas se acercaron para ver la escena, y luego fue presentado en la BBC. También se la puede ver en You-tube.[92]

Dynamo también se levitó sobre uno de los rascacielos de esa ciudad y atravesó una vidriera sin romper el vidrio, por lo tanto tuvo que desmaterializarse y volverse a materializar en un segundo. Esto ya lo había hecho varias veces con objetos que los hacia pasar a través de mesas, puertas y de su propio cuerpo. Estos hechos filmados y fotografiados no podían ser trucos de ilusionistas, pues las máquinas fotográficas, los celulares y las filmadoras sólo registran realidades físicas, no psíquicas.

Un caso conocido es cómo el famoso escapista Harry Houdini, a comienzos del siglo XX, pudo librarse de toda atadura bajo agua y dentro de cajas herméticas y cerradas con varios candados. La clave se vio cuando en una oportunidad salió dejando todas las ataduras intactas y candados cerrados. Esto significaba haberse desmaterializado para mostrarse otra vez físicamente.[93]

No hay ningún libro de física donde explique esta clase de fenómeno de desmaterialización. El hombre no ha podido lograrlo. Entonces, ¿cómo lo hubieran podido saber estos médiums para grabarlos en el subconsciente, y así poder realizarlos parapsico-lógicamente?

Ante el conocido medium brasilero Carlos Mirabelli, se materializó al obispo José de Camargo Barros, que había muerto en un naufragio. El Dr. Souza auscultó su corazón, controló su respiración y palpó su cuerpo varias veces. Frotó sus dedos contra las encías del obispo y comprobó presencia de saliva. Examinó sus globos oculares y otras partes de su cuerpo materializado. Lo mismo hicieron los demás científicos; y finalmente "declararon que habían examinado un ser en plena posesión de todos sus órganos".[94] Varios investigadores que al principio negaban la materialización de seres humanos, después lo reconocieron.[95]

---

[90] P. Weloch, *Life,* 1967, pp. 34,35.

[91] Fernando Chaij, *Vida feliz*, (Bs. As.: ACES, 1962), p.10.

[92] God in Disguise. https://www.youtube.com/watch?v=3WyoenjZAZw.

[93] "Y aún esperan el escape más sensacional de Houdini", *Selecciones (S),* (Rearder's Digest, mayo 1976), p. 43.

[94] Humberto Treiyer, *Consideraciones aleccionadoras acerca del espiritismo*, tomo III (mimeógrafo), Entre Ríos, editorial CAP, pp. 2,3.

[95] Sudré, *TP,* p. 137.

Por eso el argumento del investigador Gustav Geley llegó a tener valor, cuando dijo que adjudicar al subconsciente del sujeto todas estas maravillosas facultades "equivaldría a reconocerle omnisciencia, y casi omnipotencia. Sería como asignarle al hombre atributos divinos" capaz de crear seres humanos.[96]

Un hecho publicado y de conocimiento mundial, comenzó en el año 1971 en la localidad de Bélmez, España. La señora de la casa se encontraba en su cocina, cuando de pronto apareció en el piso la figura de una cara. Intentó borrarla, pero fue imposible. Como le molestaba, sacó la baldosa y rellenó el hueco con cemento. Pero apareció una nueva imagen. Y así la experiencia se repitió tres veces. Así que decidió con su esposo Miguel cavar el lugar, para encontrarse sorprendidos con restos humanos. Luego se enteraron que allí había habido un antiguo cementerio.

Vino la Brigada de Investigación Criminal Civil de la localidad, y por orden del Juez del lugar, se precintó la escena y se cubrió con plástico. Al mes retiraron esa cubierta y no solo reaparecieron esas caras, sino que también se vieron y se fotografiaron nuevas con torsos y brazos. Finalmente, tiempo después de la muerte de la mujer de la casa, esas figuras imborrables desaparecieron en 2004, así tan misteriosamente como habían aparecido.[97]

El Dr. Hans Naegeli, de Zurich, contó que Antonio Agpaoa, que nunca había estudiado medicina, "realiza intervenciones quirúrgicas dificilísimas a manos limpias. Sin bisturí, ni anestesia, ni antisépticos y sin producir algún dolor... la mano del curandero toca solo la piel y ésta se abre como por encanto. La operación dura pocos minutos y la herida se cierra sola". Una hora después el paciente pudo comer un suculento almuerzo.[98]

Conclusión:

Con estos hechos ya estamos en condiciones de saber dos cosas:

1° Aunque todavía hay científicos que lo creen, las fuerzas "psi" y "psi gamma" en estos fenómenos paranormales y supranormales, generalmente no provienen de la mente humana, ya sea del consciente, del subconsciente o del inconsciente. Los investigadores serios les dan muy pocas posibilidades. Pero los instrumentales, las cámaras Faraday, los moldes en yeso, las marcas, registros y señales, y las filmaciones con audio, y gran cantidad de testigos presenciales, nos dicen que no son ilusiones psíquicas, sino físicamente reales.

2° Los fenómenos que son "supranormales", son llamados así porque superan la capacidad conocida del hombre. Por lo tanto, llama la atención que algunos teóricos escépticos y ateos, que insisten en negar otra posible existencia que la humana y la animal, recurran a una de dos contradicciones: Darle al hombre poderes casi divinos, o que decidan negar todos los fenómenos registrados por los instrumentos que ellos mismos usaron como prueba.

Lógicamente queda la pregunta: Y si no negamos estos fenómenos supranormales, ¿a quién se los atribuimos.

---

96 Ibid. P. 375.

97 "Parapsicología y fenómenos paranormales". http://www.enigmas.com.ar/parapsiocologia.htm.

98 Revista *Esquiu,* (Bs. As.: 17 de octubre de 1971), p. 21.

ENTES ENGAÑADORES Y PELIGROSOS

Desde Allan Kardec (1804-1869), el padre del espiritismo moderno, los médiums espiritistas reconocen que los espíritus con quienes se relacionaron, fueron mentirosos y fraudulentos.[99] Por eso los escritores de la Biblia nos advierten de esto (Juan 8:44), y nos lleva a preguntarnos: ¿Y si también nos engañan asegurando ser lo que en verdad no son?

Hans Bender de la Universidad de Friburgo, Suiza, contó que a la medium Croiset se le había anunciado que en una reunión, una señora que se había quebrado el brazo por caer en la tumba de quien la estaban enterrando, se sentaría en cierto asiento de la sala. Pero la señora que decidió sentarse en ese asiento no tenía el brazo quebrado. Entonces el espíritu que había mentido, dijo que se había expresado mal. Lo que había querido decir, era que después de estar en esa reunión se quebraría el brazo. Y eso fue lo que sucedió, aunque no en el cementerio. Y quedó la pregunta: ¿Fue un error de palabras o un hecho realizado por ese ente, para que se cumpliera lo que anunció?[100]

El investigador Pablo Gibier contó que "una mujer que expresó haber perdido la vida en un reciente naufragio", se presentó con sus ropas mojadas. Y los investigadores que la tocaron "quedaron con las manos mojadas".[101]

Lógicamente surgen preguntas: Si vino con las ropas mojadas, el naufragio ocurrió pocos minutos antes. Entonces llegó sin perder la vida. Y si no pudo salvarse antes de morir, ¿por qué la misma mujer sí pudo hacerlo enseguida después de su muerte, para llegar a una casa que no era de su familia, sino de un salón donde se esperaban estas apariciones? ¿No era de esperar que los superpoderes de su mente (si los hubiera), los empleara para salvarse y no para ser vistos por curiosos?

El Dr. Daniel W. Fry, fundador del NICAP, vio, palpó y luego "viajó" en un OVNI que aterrizó cerca del campo de pruebas de White Sands, el 4 de julio de 1950. Lo que le llamó la atención fue que en el interior de la nave vio el conocido símbolo del árbol y la serpiente que conocemos de la Biblia.[102] Fue por este y otros hechos, donde el fenómeno OVNI (UFO en inglés) mostró la estrecha relación con las manifestaciones del espiritismo, donde después los científicos de la NASA fueron encontrados estudiando al espiritista José Arigó, y otros médiums, que no parecían tener relación alguna con el estudio de las naves espaciales.[103]

En su bibliografía para el informe de la Fuerza Aérea de los EE.UU., Lynn Catoe, escribió: "La mayor parte de la literatura sobre los OVNI está vinculada con el misticismo y la metafísica. Se ocupa de temas tales como la telepatía, la escritura automática y seres

---

[99] Sudré, *TP*, pp. 113,210.
[100] Diario *La razón*, (Bs. As. 30 de agosto de 1971), p. 6.
[101] Pablo Gibier, *La materialización de fantasmas (MF),* (Bs. As.: 1958), pp. 18-24.
[102] Daniel Fry, El incidente White Sands, (Rosario, Edit. Alan, 1969), p. 34,40,41.
[103] *"Conocimiento",* revista del espiritismo, (Bs. As.: marzo-julio 1963), pp. 8-16.

invisibles (que aparecen y desaparecen), al igual que de fenómenos tales como los fantasmas, los duendes y la posesión".[104]

Yosip Ibrahim se relacionó con manifestaciones paranormales, y cuenta que cierto día vio descender una nave, de donde salió un ser que dijo venir del satélite "Ganímedes"; y que Moisés fue "un médium" guiado por una nave que vino de esa luna de Júpiter.[105]

Pero sabemos, por los libros de la Biblia que Moisés escribió, que no dice que fue una nave extraterrestre, sino el Señor, quien ocultó su gloria detrás de una nube de ángeles que los seguía, para que los hebreos tuvieran sombra durante el día y luz durante la noche (1° Corintios 10:1-4). Además Moisés no fue un "médium", porque por indicación de Dios él mismo prohibió que nos relacionemos con ellos, a fin de que evitemos las consecuencias de seguir sus diabólicas enseñanzas (Deuteronomio 18:10-12). Y por último, ahora sabemos que Ganímedes es una luna como la nuestra, sin rastros de vida. Por eso la Biblia dice que Satanás es el "padre de mentira" (Juan 8:44).

Antony Flew presentó el caso del doctor S. G. Soal, que estaba convencido que su amigo Gordon Davis había muerto en la guerra. Un día asistió a una sesión de la medium B. Cooper, donde de pronto anunció que un señor que se hacía llamar Gordon Davis, deseaba comunicarse con el señor Soal. Y el doctor vio cómo se iba formando la imagen de su amigo hasta que lo pudo abrazar y dialogar con él. Cuando desapareció, le agradeció a la medium tener este privilegio y regresó a su casa. Pero grande fue su sorpresa, cuando después de un tiempo llamó a su puerta el verdadero Gordon Davis, que nunca había muerto, como se le hizo creer.[106]

Algo semejante ocurrió en 1943 con la esposa del general Nathan Turning. Dormía en su casa de Carolina del Norte, cuando la despertó una explosión. Y al abrir sus ojos, vio a su esposo erguido junto a su cama. Miró con detención todos los detalles de su rostro y del uniforme, y quedó sorprendida porque sabía que él estaba cumpliendo sus responsabilidades al otro lado del mundo. Habló con él y lo tomó de la mano. Estaba tibia, pero al minuto el espíritu retiró su mano y desapareció. Pudo comunicarse con su verdadero esposo, pero en ese momento estaba perfectamente bien sin saber nada de esa experiencia.[107] Puesto que tanto ella como su esposo les tomó esto de sorpresa, ¿qué ente mentiroso se presentó realmente?

Además que estos seres mienten, todos los que se relacionan con estas manifestaciones espirituales, terminan de alguna manera esclavizados por fuerzas desconocidas, que han provocado miles de enfermos mentales, muertes por causas extrañas y suicidios. En su libro, C. Williams escribió: "Es por escuchar en la mente una voz poderosa e insistente que ordena: 'Ve y ahógate', o 've y pégate un tiro', la causa de que tantos creyentes espiritistas terminan suicidándose".[108]

---

[104] "OVNIS: ¿juego que no tiene fin?", *Vida feliz*, N° 10, (Bs. As.: ACES, 1987), p. 14.

[105] Yosip Ibraim, *Mi preparación para Ganímedes (MPPG),* (Bs. As.: Edit. Ganímedes, 1975), pp. 80,81.

[106] Fernando Chaij, *Potencias supranormales que actúan en la vida humana (PSAVH),* (California: Ediciones Intermericanas, 1963), p. 171.

[107] "Mis amigos clarividentes", *Selecciones,* (Reader's Digest, febreo de 1969), pp. 119,120.

[108] C. Williams, *Spiritualism and Insanity,* pp. 66,67.

LOS PODERES EXTRAHUMANOS EXPLICADOS POR LA BIBLIA

Las Sagradas Escrituras nos dicen que desde que Lucifer y la tercera parte de los ángeles del cielo que le siguieron, se rebelaron contra Dios, Satanás se propuso perjudicar la obra divina en favor de sus hijos. San Juan escribió: "Y fue lanzado fuera el gran dragón, la serpiente antigua, que se llama diablo y Satanás, que engaña a todo el mundo. Fue arrojado a la tierra, y sus ángeles fueron arrojados con él" (Apocalipsis 12:9).

Pero como para ocultar sus propósitos de rebelarse contra Dios (porque no le había permitido compartir el trono), aparentaba querer ayudarlo, buena parte de los seres celestiales quedaron confundidos. Por eso Dios, para evitar la creencia entre los ángeles de que quería destruir a Lucifer por alguna razón egoísta, permitió que el árbol malo creciera para que se conocieran sus frutos. Pero advirtió: "¡Ay de los moradores de la tierra y del mar! Porque el diablo ha descendido a vosotros con gran furor" (Apocalipsis 12:12).

Pero también se nos revela: "El ángel del Señor acampa alrededor de quienes lo veneran, y los defiende. Gustad y ved qué bueno es el Señor. ¡Dichoso el hombre que confía en él!" (Salmos 34:7,8). Y puesto que hay seres superiores al hombre que nos rodean, unos para perjudicarnos y otros para ayudarnos, San Juan nos advierte: "Amados, no creáis a todo espíritu, sino probad los espíritus si son de Dios" (1 Juan 4:1). Allan Kardek sabía esto porque, como medium, había sufrido esto en carne propia.

Por eso San Pablo escribió: "Porque no tenemos lucha contra sangre y carne [es decir el hombre], sino contra principados, contra potestades, contra dominadores de este mundo de tinieblas, contra malos espíritus en nuestra atmósfera" (Efesios 6:12). Y añadió: "El Espíritu [Santo] dice claramente que en el último tiempo algunos se apartarán de la fe, escuchando a espíritus engañadores y a doctrinas de demonios (1 Timoteo 4:1).

Uno de los fenómenos más estudiados por Rhine, fue la telepatía. Es decir el poder de leer el pensamiento de otra persona que permanece quieta y sin manifestarlo por medio de una escritura, gestos o movimientos; e incluso apartada y separada por gruesas paredes de plomo. Y descubrió que si una persona pensaba algo sin manifestarlo de algún modo por medio de las cartas Zemer, ni siquiera los médiums podían saberlo. Es que este poder sólo pertenece a la divinidad (1 Corintios 2:10). Por eso los médiums pueden recibir informes de los demonios que están presentes en los hechos, sólo por medio de los mismos cinco sentidos que nosotros también poseemos. La diferencia está que ellos pueden estar presentes sin ser vistos porque saben manejar la energía del átomo (esto lo entendía Eisntein desde 1905).

Upton Sinclair descubrió, en EE.UU., que "podía transmitir telepáticamente dibujos a su esposa Craig, pero este fenómeno se desarrollaba en características muy especiales: A menudo la esposa ejecutaba fielmente el dibujo, pero no sabía explicar qué era lo que su marido intentaba expresar".[109]

Como todo ser creado, Lucifer (hoy Satanás) recibió poderes mayores que el hombre (Salmos 8:4,5), pero no puede ser autor de la vida. Por eso todas las manifestaciones donde

---

[109] Hans Benda, *Ciencia y percepción extrasensoria,* (Bs. As.: Rassena. I. nº 3, octubre-diciembre 1968, Laboratorio Lepetit), p. 34.

aparecen y desaparecen seres vivientes, no son criaturas de él, sino simulaciones. La *best seller* Elena G. de White escribió, al referirse al milagro de Moisés ante el Faraón y sus espiritistas: "Los magos no convirtieron sus varas en verdaderas serpientes; ayudados por el gran engañador, produjeron esa apariencia mediante la magia. Estaba más allá del poder de Satanás cambiar las varas en serpientes vivas".[110]

La principal doctrina del espiritismo fue establecida en el Edén: "Entonces la serpiente (el primer ser que Satanás usó como medium) dijo a la mujer: "No es cierto. No moriréis... Seréis como Dios" (Génesis 3:4).

Aquí tenemos dos pilares fundamentales de la doctrina espiritista y sus ramas pseudocientíficas y religiosas: 1°. Divulgar la doctrina nunca probada de la inmortalidad del alma humana. Y 2°. El ofrecimiento al hombre de llegar a poseer facultades supra-normales que rayen con lo divino. Y con estas falsas, pero tentadoras ofertas, han caído también un buen número de investigadores escépticos. R. Thouless dijo que la mayoría de los parapsicólogos cree en la supervivencia del alma;[111] y agregó: "La parapsicología demuestra en cierto modo, la existencia del alma".[112]

¿Qué dice la Biblia acerca de las supuestas capacidades inmortales del "psi-gamma", para volver a reunirse con los familiares vivos?: "El que desciende al sepulcro no subirá. No volverá más a su casa, ni conocerá más su lugar" (Job 7:9,10). "Porque los que viven saben que han de morir; pero los muertos nada saben, ni tiene más paga; porque su memoria es puesta en olvido. También su amor y su odio y su envidia fenecieron ya; y nunca más [hasta la resurrección] tendrán parte en todo lo que se hace debajo del sol" (Eclesiastés 9:5,6).

William James y Brad, llegaron a sostener que después de la muerte y descomposición del cuerpo, quedaba vivo en el cerebro un depósito consciente que podría ser revivido.[113] Por supuesto, pronto fue desvirtuado por los científicos.

San Pablo dijo que "algunos, sin saberlo, hospedaron ángeles" (Hebreos 13:2). Los ángeles caídos pueden imitar la figura y la voz de nuestros seres queridos: "Porque éstos son falsos apóstoles, obreros fraudulentos que se disfrazan como apóstoles de Cristo" (2 Corintios 11:13). La palabra original que aquí emplea el apóstol es "*metasjematízo*" (transformar, transfigurar, disfrazar). Y, aunque generalmente las apariciones son producidas en lugares con poca luz, las imitaciones que los demonios realizan parecen ser tan reales, que han convencido hasta los escépticos.

"Y no es de extrañar, porque el mismo Satanás se disfraza como ángel de luz. Así, no es mucho si también sus ministros se disfrazan de ministros de justicia. Pero su fin será conforme a sus obras" (2 Corintios 11:14,15).

Los milagros que producían los apóstoles no eran producidos por sus poderes mentales ni por la de los difuntos, sino por el poder de Dios. Por eso aclararon: ¿Por qué ponéis los ojos en nosotros, como si por nuestro poder o piedad hubiéramos hecho andar a este hombre?" (Hechos 3:12).

---

[110] Elena G. de White, *Patriarcas y profetas,* (California: Publicaciones Interamericanas, 1955), p. 268.
[111] R. Thouless, *Parapsicología,* (Bs. As.: Edit. Paidós, 1973), pp. 180,181.
[112] Ibid. P. 296.
[113] Sudré, *TP,* pp. 387,388.

En conclusión, ante los hechos supra-normales que alguno puede experimentar, Dios dice: "No haya en ti quien pase a su hijo o a su hija por el fuego, ni adivino, ni astrólogo, ni hechicero ni mago; ni encantador ni espiritista, ni quien consulte a los muertos. Porque es abominable al Señor cualquiera que haga estas cosas (Deuteronomio 18:10-12).

Muchos que se relacionan con el espiritismo no solo creen en la inmortalidad del alma, sino también en la reencarnación de ella. Por eso San Pablo nos advierte: "Está ordenado que los hombres mueran una vez y después enfrenten el juicio" (Hebreos 9:27).

En 1971 el Dr. H. N. Bamargee disertó en la Universidad J. F. Kennedy (Buenos Aires), donde presentó lo que creyó ser la prueba final de que la reencarnación existe. En una fiesta en Delhi, el niño Gopar de 9 años dijo temblando que había visto en la fiesta al asesino de su vida anterior. Y señaló a un hombre barbudo. Como no le creían, pidió que lo llevaran al pueblo de Matura, donde decía que vivía el hombre. Y adentro de la casa que señaló vieron la foto del hombre. La policía hizo una investigación, y debido a la cantidad de pruebas encontradas el asesino fue encarcelado. Pero el juez nunca pudo probar que el hombre que había matado fue la vida anterior de ese niño.[114]

Los mediums, los investigadores, los que practican estas cosas negando los poderes superiores a la capacidad humana, y muchos de los que lo toman como una diversión, tarde o temprano tienen que enfrentarse con fuerzas incontrolables y perjudiciales. De hecho, Margarita Fox, una de las fundadoras del espiritismo moderno, gritó en una sesión de espíritus: "¡Me están conduciendo al infierno!" Las dos hermanas murieron intoxicadas con bebidas alcohólicas en la más terrible desesperación. Al ver los resultados de su obra, una de ellas quiso negar lo que habían hecho, afirmando que todo había sido un fraude. Pero ya era imposible negar a los científicos lo que ya habían comprobado.

San Pablo escribió: "¿No sabéis que al ofreceros a alguien para obedecerle, sois siervos de aquél a quien obedecéis, o del pecado para muerte, o de la obediencia para justicia?" (Romanos 6:16).

Miles y miles que hoy viven en la esclavitud demoníaca, fueron seducidos buscando riquezas, sanidad y paz del alma. Por eso Jesús advirtió: "Guardaos de los falsos profetas que vienen disfrazados de ovejas, y por dentro son lobos rapaces" (Mateo 7:15). "No todo el que dice: 'Señor, Señor' entrará en el reino de los cielos, sino el que hace la voluntad de mi Padre que está en los cielos. En aquel día muchos me dirán: 'Señor, Señor', ¿no profetizamos en tu Nombre, y en tu Nombre echamos demonios, y en tu Nombre hicimos muchos milagros? Entonces les diré: '¡Nunca os conocí! ¡Apartaos de mí, obradores de maldad!" (Mateo 7:21-23).

Y si por alguna causa hemos caído en los dominios del gran enemigo, recordemos las palabras inspiradas: "Ellos lo han vencido por la sangre del Cordero y por la palabra del testimonio de ellos" (Apocalipsis 12:11). Los demonios no pueden obrar ante la presencia de una persona creyente, que invoque de corazón la ayuda divina en el nombre de "Jesús". Él es el que ya lo venció cuando resucitó victorioso y ascendió al cielo para preparar el juicio final contra el mal, y a Satanás, su originador, ya destinado a su muerte para ser convertido en "ceniza sobre la tierra" (Ezequiel 28:18).

---

[114] Diario *La Razón,* (Bs. As., 30 de octubre de 1971), p. 5.

EL ALMA SEGÚN LA BIBLIA

Los hombres de ciencia describen la naturaleza humana en su totalidad de diferentes maneras, dándole mayor o menor número de elementos constituyentes, pues algunos creen necesario dividir la acción cerebral en inconsciente, subconsciente, "pre-consciente", "ello"; consciente, "yo", "super-yo", etc. Y los parapsicólogos idealistas aún le agregan esa energía inmortal llamada *psi-gamma*, que para ellos sólo sería como un inquilino de la naturaleza del hombre. Sin embargo, los hombres de ciencia concuerdan que el hombre es la unión de tres partes, que al separarlas, lo llevan a la muerte aparente y absoluta.

El hombre tiene **un cuerpo** preparado para sus funciones específicas. Podrá existir faltándole un brazo. Pero nunca podrá llegar a ser un hombre vivo consciente si le falta el cerebro. Como el cuerpo sin vida de un hombre es un hombre muerto, el segundo elemento indispensable es **la vida**. Ahora tenemos una dualidad cuerpo-vida. Sin embargo, en caso de que ese cuerpo humano con vida, por alguna razón que mencioné, no llegara a tener conciencia, se diría que el hombre está en "estado **vegetativo**". ¿Por qué "vegetativo" si no es un vegetal? Por la sencilla razón de que presenta una dualidad cuerpo-vida como los vegetales. Para que ese cuerpo vivo con forma de hombre sea considerado un ser humano completo, tiene que llegar a poseer **conciencia** de sí; tiene que pensar como lo hace una persona.

James W. Walters escribió: "Sostengo que los términos *humano* y *persona* no son equivalentes".[115] Él argumenta que "un infante anencefálico o un paciente en estado de coma permanente no tiene el derecho especial a la existencia como el que ustedes y yo poseemos".[116] Elena G. de White se inclina hacia esta posición, cuando escribió: "Cada ser humano, creado a **la imagen de Dios**, está dotado de una facultad semejante a la del Creador: **la individualidad, la facultad de pensar y hacer**".[117] Si Dios es un Ser personal, las criaturas que creó a su imagen tienen que ser seres personales, no meramente humanos. Es decir que un hombre en estado de coma permanente ha dejado de ser una persona, pues ya no mantiene lo más importante de la imagen de Dios.

Así que para el científico, una persona es la unión de tres elementos primordiales: cuerpo con vida y entendimiento. Como vimos, los parapsicólogos idealistas le agregan el *psi-gamma*, pero ya vimos que es sólo una hipótesis sin valor científico. En base a esta hipótesis, y valiéndose de métodos hipnóticos, hay algunos parapsicólogos que se han arriesgado a aceptar la teoría de la reencarnación de las almas, donde el sujeto hace una regresión de su vida, y habla y se comporta como cuando fue niño; pasa más allá de la concepción y cuenta de su vida anterior a ella. Pero, como ocurre con el túnel a la

---

[115] James W. Walters, "¿Es Koko una persona?", *Diálogo universitario,* (Bs. As.: ACES, 1997), vol. 9, N° 2, p. 17.

[116] Idem. Seguramente no se refiere a que no merece vivir, sino a ser tratado como una persona.

[117] Elena G. de White, *La Educación (E),* (Bs. As.: ACES, 1958), p. 15.

inmortalidad de Moody, los testimonios son igualmente dispares y contradictorios, y no merecen ser considerados con seriedad.

En una investigación, 60 estudiantes voluntarios fueron divididos en tres grupos. Al primero se le dio información que favorecía la creencia; al segundo una información neutral, y al tercero en contra de la transmigración del alma. Como resultado, "los voluntarios del primer grupo fueron quienes informaron 'vidas anteriores' en mayor porcentaje y con mayor frecuencia".[118] Recuerde que una creencia grabada muy profundamente en el subconsciente, después de un tiempo éste puede convencer al consciente de que es un hecho y que lo vivió realmente.

Numerosas son las investigaciones que se realizaron para determinar la verdad al respecto. Y en los casos que fueron más divulgados, y que después se los investigó por más tiempo, se comprobaron suficientes contradicciones como para rechazarlos a un nivel científico. Jonathan Venn, uno de los investigadores, da prueba de ello.[119]

En conclusión, la ciencia se acerca a la Biblia, cuando afirma que el "alma", o vida consciente del hombre, puede ser mortal (Ezequiel 18:20. Por eso Cristo vino a ofrecernos la inmortalidad: Juan 3:16). Y resulta más razonable pensar que no es una existencia o una tercera energía, sino su resultado. También está de acuerdo con las Escrituras, cuando ésta, al referirse por única vez a la totalidad de nuestro ser, señala una triunidad (1 Tesalonicenses 5:23) en lugar de la dualidad antropológica popular.

Sin embargo, con respecto a la actividad que se desarrolla en el cerebro, vimos que los hombres de ciencia ven a su vez dos partes bien diferencias: Una es corporal e inconsciente, donde se archiva el conocimiento heredado y adquirido, y donde obra lo que algunos llaman la supercomputadora humana; y la otra consciente, que aunque tiene su centro físico principal en la zona frontal del cerebro, no se ve porque es el resultado eléctrico de la acción cerebral. Por eso los lóbulos frontales pueden seguir trabajando durante el sueño, y llegar a conclusiones razonables, como lo hace una computadora, pero sólo al despertar y ser consciente, la persona sabrá qué estaba pensando; y si era o no razonable el resultado de su trabajo cerebral sin la guía de la conciencia.

Cuando recibimos una información, ésta recorre el cerebro eléctricamente por alrededor de unos 20 minutos. Si la información nos interesa por alguna razón, se deposita transformando la química de una parte de la espiral de cromosomas (ADN) que hay en el núcleo de cada célula de la corteza cerebral, y llega a ser literalmente "carne" de nuestra carne[120] —recuerde esto para cuando nos detengamos a considerar la lucha mental de "la carne contra el espíritu" que describe la Biblia.

Toda esa información heredada y adquirida sin la actuación de nuestra voluntad, no la podemos hacer aflorar a la conciencia voluntariamente. Cualquiera puede valerse de la memoria archivada por otra persona en una computadora, porque su memoria está depositada en una especie de celdillas, de donde se la obtiene fácilmente. Pero la memoria humana es una "memoria de asociación", no de celdillas. Por eso es que, aunque los hijos heredan toda

---

[118] Fernando D. Saraví, *Parapsicología ¿un engaño del siglo XX?,* (Barcelona: CLIE, 1993), p. 132.
[119] Ibíd., p. 133,134.
[120] Ariel Roth, *La revista adventista,* (Bs. As.: ACES, dic. 1990), p. 5.

la información genética de sus padres, sólo la captan muy vagamente, a manera de tendencias o inclinaciones inconscientes.[121]

Aunque en algunos casos nuestra supercomputadora no actúa con la rapidez de una computadora común, la capacidad de razonamiento —hablo de la parte inconsciente, también llamada "subconsciente", pero que es igualmente inconsciente— es muchísimo mayor. Esto lo podemos saber al acostarnos con un problema no resuelto, para despertarnos a la mañana con la solución en mente sin haber sido conscientes de ello.

Si todo el ADN del núcleo de cada célula cerebral se desenrollara y se extendiera, mediría cerca de dos metros; y la suma de todas llegaría desde la Tierra hasta Júpiter y de regreso más de 60 veces. Vemos que la capacidad para depositar información es impresionante. Además se estima que el cerebro tiene 100 millones de veces el millón de conexiones (10^{14}).[122] Como esta supercomputadora es material; y la grabación que se realiza en ella —control centralizado principalmente en la zona del tálamo y el hipocampo— es electroquímica, se la puede ver "pensar" mediante un tomógrafo. Ese fue también el caso del cerebro del camionero muerto que se lo mantuvo relativamente vivo por varios días.

Puesto que, como vimos, la parte consciente del cerebro es **el resultado** de nuestra mente, no es electro-química, sino que se vale sólo de la electricidad cerebral —como la imagen se forma del televisor— para generar el pensamiento consciente.[123] Esta dualidad cerebral inconsciente-consciente, que no debemos confundirla con los elementos fundamentales que constituyen todo nuestro ser, es la que la Biblia presenta con los dos poderes mentales "carne" (el inconsciente, subconsciente, "pre-consciente", "ello", etc.)[124] y "espíritu" (el consciente, "yo superior", voluntad, "alma", etc.), que generalmente se oponen, por la sencilla razón de que los pensamientos del inconsciente no están regidos por la razón y los conceptos de moralidad, como lo hace el consciente (Juan 3:6; Romanos 7:5,18-8:13; Gálatas 5:24).

Y aquí se ve otra vez cómo, mediante los tomógrafos de positrones, la ciencia confirma lo que la Biblia venía diciendo tanto tiempo antes que fuera confirmado. Los investigadores pudieron ver las zonas donde actuaba el pensamiento del inconsciente, pero en ningún momento pudieron ver en el monitor el pensamiento consciente —el "**espíritu** de vuestra mente", [125] como dijo el apóstol Pablo (Efesios 4:23). Luego volveremos a esto.

Génesis 2:7:

Aquí Moisés dice que Dios formó (*yatsar*) al hombre de la tierra. La ciencia confirma que todos los elementos que componen nuestro organismo están también en la tierra. Pero

[121] "Una super computadora llamada cerebro", *Juventud,* (Bs. As.: ACES, Nº 53, año 4), p. 15

[121] Ariel Roth, *Los orígenes,* (Bs. As.: ACES, 1998), pp. 133,140.

[122] Idem.

[123]"Ya se puede[...]", *MI*, pp. 6,7.

[124] Algunos lectores de la Biblia, olvidando que la carne por sí misma no puede pensar a menos que forme un órgano del pensamiento, confunden esta "carne" (Romanos 7:18-8:13,etc.) con los músculos de los miembros del cuerpo.

[125] Muchos confunden la conciencia con los lóbulos frontales, donde se procesa la actividad consciente. Pero esta zona cerebral sigue acuando cuando dormimos, es decir cuando no hay consciencia. Por eso más de una vez despertamos con problemas resueltos durante el sueño.

los teólogos no se ponen de acuerdo con el significado que Moisés quiso dar a la palabra hebrea *yatsar*.

1º Una primera posición sostiene que el Creador no hizo sólo una estatua (*tsélem*) de barro o arcilla, sino directamente al hombre Adán. Es decir, que antes de darle vida no sólo le dio la forma perfecta de hombre, sino que además de hacer una estatua de barro, hizo un cuerpo de carne (*basar:* Génesis 2:21); una especie de cadáver de Adán con todos los órganos que entretejió por dentro. ¿Qué dice la Revelación al respecto?

En primer lugar, la Biblia asegura que Cristo fue y sigue siendo el "Autor de la vida" (Hechos 3:15; Juan 1:4; 11:25; 14:6; Romanos 8:2; Col. 3:4; 1 Juan 5:20; s. Judas 21). Por eso la *best seller* Elena G. de White (EGW) escribió: "Las inagotables provisiones del cielo están a su disposición. Cristo les da el aliento de su propio espíritu, **la vida** de su propia vida".[126]

Ella dice que la facultad del Señor que "engendra vida", no es su persona, sino su "energía creadora".[127] Por eso creemos que al morir, no vuelve a Dios un ser, sino sólo la energía viviente que nos ha sido prestada. Y para transformar el barro en células con todos sus complejos aparatos; los órganos, y finalmente en Adán, se requiere de más de una "energía" de vida: Se necesita de un Ser inteligente. Por eso Dios dijo "**hagamos** al hombre". No fue obra únicamente del soplo de Cristo, sobre esa forma de barro, ni fue obra de un solo Creador.

El Espíritu Santo es quien administra la vida que viene de Cristo; es quien la transmite de padres a hijos y la retira del hombre. Por eso, oponiéndose al fijismo religioso que Darwin combatió, EGW escribió: "El poder divino sostiene a cada momento la vida **natural**; no obstante, ello **no** ocurre debido a un **milagro directo**, sino mediante la aplicación de las bendiciones puestas a **nuestro** alcance".[128]

Esto confirma el hecho de que la vida, es una energía divina que el hombre mortal puede administrar o rechazar —como en el suicidio y con los bebés de probeta; con las semillas vegetales, etc.—; y por las leyes que Dios estableció al compartir esa vida con sus descendientes. Cuando Cristo se encarnó, el Espíritu Santo no hizo un "milagro directo", creando un ser humano que se llamaría Jesús, sino sólo preparó un "cuerpo", es decir la célula reproductora que se uniría a un óvulo de María (Hebreos 10:5). La vida fue tomada de la vida eterna del mismo Hijo de Dios (Juan 8:58; 10:17). No es porque el Espíritu de Dios o el Padre no tengan el poder de la vida, sino que decidieron obrar en unidad, respetando la obra que desde la eternidad se decidió que haría voluntariamente cada uno. Así que el Señor Jesucristo es el autor de la vida universal, y el Espíritu Santo su administrador.[129]

En segundo lugar, *âdâm* (tierra rojiza, hombre, humanidad, Adán) fue hecho con *àfar* (polvo, tierra seca, cenizas), "de la tierra". El vocablo *'adamah,* significa **tierra**, no cuerpo o carne. La expresión *basar,* que aparece 269 veces y significa carne, cuerpo y humanidad,

---

[126] Elena G. de White*, El Deseado de todas las gentes (DTG),* (M. V., Calif.: Pub. Inte.,, 1966), p. 511.

[127] ———, *La educación (E),* (Bs. As.: ACES, 1958), p. 122.

[128] ———, *Cada Día con Dios (CDCD)*, (Bs. As.: ACES, 1979), p. 250.

[129] En Ezequiel 37:9, el soplo de vida es del Espíritu, porque se trata de una parábola que describe el derramamiento del Espíritu Santo en la obra final de la iglesia, que estaba moribunda.

se lee por primera vez en Génesis 2:21. Por lo tanto, el texto bíblico dice que el soplo de vida penetró en la nariz de esa forma humana cuando era *'adamah:* tierra o barro rojizo.

En tercer lugar, EGW aclara que "el Creador de los mundos, Aquel en quien moraba la plenitud de la Deidad **corporalmente**, se manifestó [después] en el desvalido bebé del pesebre"[130] (Juan 17:5). Entonces, si en el momento de formar el cuerpo de Adán, el Hijo de Dios poseía la Deidad "corporalmente", tenía que hacerse Espíritu para poder introducirse en esa masa de barro y trabajar allí adentro, creando miles de millones de células en el instante en que el soplo penetraba en la estatua. Pero, ¿Para qué estaba el Espíritu Santo?

Cristo podía hacerlo. Pero recordemos que, como Dios es perfecto, no desobedece sus propias leyes naturales, ni contradice lo que dispusieron que hiciera cada Persona. Cuando Cristo obraba milagros atravesando paredes y caminando sobre el agua, lo hacía por el poder de Dios. Pero no pudo usar su poder de la omnipresencia, como lo hace el Espíritu Santo. ¿Por qué, siendo Todopoderoro? EGW explica que no podía mientras se manifestara en un cuerpo.[131] Y en la creación de Adán no sólo necesitaba espiritualizar su cuerpo glorioso para penetrar en la estatua que había formado con sus manos: Sólo para construir una sola célula de las 120.000 millones que había en el cuerpo de Adán; con todos los pequeñísimos órganos que debe tener cada una, Cristo podría haber tardado mucho más que lo que, gracias al uso de su omnipresencia, el Espíritu tardó en construir el organismo humano completo. Entonces, por medio del Espíritu Santo, fue como si la obra de Cristo se hubiera multiplicado con la ayuda de 120.000 millones de obreros más, trabajando a la vez (omnipresencia). Esto puede explicar por qué esto se hizo tan rápido, a pesar de cumplirse fielmente las leyes que Dios mismo estableció. Vemos que lo que llamamos "milagro divino", en realidad es el cumplimiento de una ley divina que desconocemos.

Puesto que en él vivimos y somos, los profetas vieron en las visiones celestiales la presencia corporal del Padre y del Hijo,[132] pero no al Espíritu Santo, a pesar que es "una persona como el Padre es una persona".[133] —en la Biblia "persona" significa principalmente imagen que tiene rostro (Génesis 4:14; 19:13; Deuteronomio 28:50; Job 32:21; Proverbios 18:5, etc.)—. Por eso en el cielo veremos al Padre y al Hijo, pero, salvo algún momento especial, como ocurrió con el profeta Ezequiel al ver la imagen gloriosa del espíritu Santo (Ezequiel 8:2-5), no podremos ver al que se ha espiritualizado para mantener todo lo creado por medio de la omnipresencia. Por esta persona es que la Divinidad pudo hacer todo, hasta lo más pequeño y oculto de la creación, y a la increíble velocidad que revelan los dos primeros capítulos del Génesis —que, por no tomar en cuenta aquí esta capacidad de la omnipresencia, ha sido siempre motivo de burla de parte de los cristianos no fundamentalistas.

La resurrección de Lázaro de Betania es un ejemplo de lo que estamos tratando. Cuando Jesús ordenó quitar la piedra que tapaba la entrada al sepulcro, una hermana de Lázaro le dijo: "Señor, hiede ya, porque es de cuatro días" (Juan 11:39). Es decir, que ya era imposible volverlo a la vida, a menos que primero se reconstruyera en él millones y millones de células que ya estaban muertas y deshechas. Pero a la orden: "¡Lázaro, ven fuera!"; **sin**

---

[130] White, *Exaltad a Jesús (EJ),* (Bs. As.: ACES, 1988), p. 69.

[131] *DTG,* pp. 622, 623.

[132] ————,*El Evangelismo (Ev),* (Bs. As.: ACES, 1975), p. 446.

[133] Ibíd., p. 447.

que Jesús se acercara para hacer algo con el cuerpo, Lázaro salió vivo y sano a los pocos segundos o minutos (Juan 11:38-44). Alguien hizo este trabajo de reconstrucción y vuelta a la vida, a una velocidad que sólo podemos aceptarla por fe. En ninguna parte de la Revelación dice que en ese momento Jesús se desmaterializó y entró en el cuerpo de Lázaro para trabajar adentro de él, a fin de que pudiera volver a la vida. Y tampoco lo pudo hacer el aliento de vida de Cristo, pues no es una persona, sino una "energía" de él –recuérdelo.

Así que, a menos que aceptemos la obra del Espíritu con su omnipresencia, no habría otra manera de aceptarlo con la fe razonable que define y enseña la misma Palabra de Dios (Hebreos 11:1); pues además de la "energía creadora"[134] de Cristo que "engendra vida", está también la obra del Espíritu, que es "**una inteligencia**, una presencia y una energía activa, **que obra dentro** de sus leyes y mediante ellas".[135]

En cuarto lugar, el rey David escribió: "¿A dónde me iré de tu **Espíritu**? ¿Y a dónde huiré de tu presencia? [...] Porque **tú formarte mis entrañas**; tú me hiciste en el vientre de mi madre [...]. Bien que **en oculto fui formado, y entretejido en lo más profundo de la tierra**" (Salmos 139:7-15). Otra vez se nos dice que quien se encarga de obrar por dentro de la forma humana es el Espíritu Santo. Y en esta declaración también se refiere a la creación de Adán, ya que sabemos que los embriones no se forman en "la tierra". Y lo tuvo que hacer él, porque el hombre todavía no era un cuerpo (*basar*) ya formado por el Hijo de Dios, sino sólo la "forma" de un cuerpo humano.

En quinto lugar, el texto también dice que el Espíritu de Dios obró en la creación en forma **oculta**. De ahí que, a pesar que muchos saben que en la semana de la creación estaba presente el Espíritu de Dios (Génesis 1:2), no toman en cuenta la obra de la tercera persona de la Divinidad en la creación de Adán. Si el Hijo de Dios no sólo hubiera soplado la vida en la "forma" de Adán, sino que también hubiera entretejido cada célula de su cuerpo, la creación del primer hombre hubiera sido una obra totalmente de Jesús. Entonces, ¿qué hubiera hecho el Espíritu Santo? Dios **no** dijo que el Hijo de Dios se encargara de todo lo creado. Él dijo: "Hagamos [...]" (Génesis 1:26).

"Cuando Dios hubo hecho el hombre a su imagen, el cuerpo humano era perfecto en toda su ordenación, pero no tenía vida. Entonces un Dios personal, existente de por sí, sopló en **ese cuerpo** el aliento de vida, y el hombre llegó a ser un ser vivo e inteligente que respiraba. **Todas las partes del organismo humano entraron en acción. El corazón, las arterias** [...]".[136]

Pero EGW agrega: "Cuando Dios hubo hecho al **hombre** a su imagen, el cuerpo humano [o forma, pues en inglés dice: "*the human **form***"] quedó perfecto en su **forma** y organización, pero estaba **sin vida**. Después [...] **infundió en aquella forma el soplo de vida**, y el hombre **vino a ser criatura viva** e inteligente".[137]

Note que ella **no** dice que al soplar Cristo la energía de vida sobre esa imagen, **ya era una criatura** sin vida, sino que "**infundió en aquella forma** el soplo de vida". Es decir que la frase bíblica: "Dios formó al **hombre** [...]", está dando a esta creación el nombre "hombre"

---

[134] *EJ*, p. 69.
[135] *PP*, p. 107.
[136] ———, *Joyas de los Testimonios (JT)*, vol. 3, (Bs. As.: ACES, 1956), p. 262.
[137] ———, *El Ministerio de Curación (MC)*, (M. V., Calif.: Pub. Inter, 1959), pp. 322,323.

por anticipación, para que sepamos a qué se está refiriendo. Cuando decimos que Juan es hijo de Orquídea, no estamos diciendo que Juan existe antes que Orquídea porque lo mencionamos primero. Así tampoco el texto bíblico y la cita de EGW nos quieren decir que Dios hizo primero al "hombre", y en segundo lugar "quedó perfecto en su forma" y sopló la vida sobre ella. El hombre no puede existir si no tiene todos sus elementos completos y en perfecto orden.

Sin embargo, por lo que vimos en la primera cita de EGW, ese soplo no chocó contra una nariz de barro rojizo; no chocó contra una simple "forma" humana, como parece decir en la segunda cita, sino que penetro en un organismo que tenía arterias y millones de células que tomaron vida. Así que ambas declaraciones se complementan llegando a tener importancia para nuestra investigación, porque no lleva a la Biblia a contradecirse a sí misma:

El Hijo de Dios hizo una estatua perfecta. A esa "forma" le sopló (*yapaj*) la vida. Y en ese instante que iba penetrando el soplo de Cristo, el Espíritu Santo fue transformando desde lo "profundo", esa forma de "tierra" (o barro rojizo) en una "criatura" que, junto con la vida del Hijo de Dios, "**vino a ser criatura viva** e inteligente". Vemos que cuando se acepta toda la revelación, la verdad se hace ver claramente.

Una segunda posición parecida a la anterior, sostiene que el Creador hizo una estatua (*tselem*) de barro sin vida, que fue la obra semejante a la de un alfarero y de un escultor (Isaías 29:16; 45:9; 64:8).[138] Pero esa "forma" de "tierra" se convirtió en una criatura viva por el mismo poder que había en el aliento del Hijo de Dios. Por lo tanto, dice que "ya no es simple aliento de vida". Efectivamente, lo que hubiera entrado en el barro no podría haber sido una simple energía de vida, pues aquí se mostraría claramente un poder que sería inteligente. Es decir, que no sería una simple energía sino una persona divina. Pero en este caso, los que piensan así, tendrían que creer que el "aliento de vida" que volvería a Dios al morir el cuerpo (Eclesiastés 12:7), no sería una energía de vida sino una persona divina. ¿Es correcto pensar que el *n^{e}shamah* (aliento) de Génesis 2:7 es una personalidad? No, porque es el mismo "**aliento** de vida" que poseen los animales (Génesis 6:17; 7:22; Eclesiasés 3:19,20, etc.).

Cuando leemos: "**El espíritu** de Dios **me hizo**, y el **soplo del Omnipotente** me dio vida" (Job 33:4), los que mantienen esta segunda postura dicen que en la poesía hebrea es común emplear paralelismos sinónimos. Por lo tanto concluyen que el Espíritu y el Omnipotente es la misma persona. Pero, ¿no venían diciendo que ese soplo de vida era del Hijo de Dios, es decir de la segunda y no de la tercera persona de la Deidad? Además, el paralelismo en la poesía hebrea no solamente es sinónimo, sino también antitético —ideas que se oponen— y sintético —también que se añaden, como ocurre en Job 33:4—.[139] Si este "espíritu" fuera el mismo que "el soplo del Omnipotente", entonces sí, el *n^{e}shamah* sería una personalidad inteligente que volvería a Dios en la muerte de todos los seres. Pero este "espíritu" es en realidad el "Espíritu de Dios": la tercera persona de la divinidad; porque un "espíritu" y una "energía" no pueden transformar una masa de barro en todos los órganos que poseemos –recordemos que en los manuscritos antiguos no se hace una diferencia de Dios y Espíritu en mayúscula y minúscula.

---

[138] *CBA*, 1:234.

[139] Ibíd., 3:628.

Isaías interviene diciendo: "Inquirid en el libro de **Jehová** [...] porque **su boca** mandó, **y los reunió su mismo Espíritu**" (Isaías 34:16). Sabemos que fue Cristo quien mandó, y en su orden incluyó su aliento de vida, para que Adán llegara a la vida. Así que el Espíritu Santo fue quien penetró en la "tierra", y con esa vida formó al hombre. Son muchos los que creen que el universo se creó sólo porque el Hijo de Dios dio una orden, o porque sopló la "energía creadora" que salió de su boca (Salmos 33:6)[140] y todo se creó por arte de magia. ¡No! Se necesitaba un Ser omnisapiente, espiritual y **omnipresente** —no como estaban Cristo y el Padre con la divinidad "**corporalmente**—", que pudiera trabajar con esa energía de vida del Hijo dentro de los elementos, mientras la vida iba recorriendo la estatua de barro que se llamaría Adán. Por lo tanto, se necesitaba un Creador plural (*Bore áka*), no singular (Eclesiastés 12:1); un Dios plural (*'Elohim,* plural de *Èl*), no una sola persona divina (Génesis 1:1). "Entonces dijo Dios: **Hagamos** al hombre a **nuestra imagen**, conforme a **nuestra semejanza**" (Génesis 1:26).

La tercera posición que se extendió entre nosotros, es la que se acerca más a toda la Revelación, pues sostiene que el Hijo de Dios hizo una estatua (*tselem*) de barro o arcilla roja, y sopló la vida sobre ella, y en ese momento intervino el omnipresente Espíritu Santo, entretejiendo ocultamente dentro de esa tierra cada célula y cada órgano, hasta que con la vida de Cristo pudo formar una criatura viviente e inteligente en pocos segundos o minutos. La creación y la recreación del hombre es obra de la Trinidad: En el Edén, el Padre, como papel de Juez, dio la orden; el Hijo le dio forma y sopló la vida, y el Espíritu Santo obró en la tierra transformándola en el primer hombre. Hoy, en cada perdón, Cristo perdona por sus méritos; el Espíritu Santo transforma en ese momento la conciencia del pecador, renovando totalmente su manera de pensar (Romanos 12:2; 1 Pedro 3:21; Efesios 4:23; 2 Corintios 5:17,21; 1 Juan 1:9), y el Padre da la aprobación de justificación llamándolo "hijo" suyo por la fe (Juan 1:12,13).

La imagen de Adán era la de Dios:

Antes de la influencia griega que recibieron los judíos, el vocablo (*tsélem:* imagen) significaba una cosa o persona con figura y apariencia (Génesis 5:3; Salmos 73:20; Ezequiel 8:3,5); una escultura o una estatua (Levítico 26:1; Salmos 106:19; Isaías 40:19,20; 44:9,10,15, 17; 45:20; 48:5; Jeremías 10:14; 51:17; Daniel 2:31,34,35; 3:1-3, 5, 7, 10, 12, 14, 15, 18; Oseas 3:4; Nahaún 1:14; Habreos 2:8). Cuando era una representación o copia de algo o alguien —aunque no fuera una copia exacta— el original era visible y real (Génesis 5:3; Éxodo 20:4; Isaías 40: 19,20; Daniel 3:13,5,7,10, 12, 14,15,18). Una persona que no podía verse con los ojos naturales, no era una *tsélem* sino un espíritu o una imaginación. Por eso, en el libro de Isaías Dios nos hace entender que no podemos hacerle una imagen, por la sencilla razón de que no lo hemos visto por causa de la separación que produjo el pecado (Isaías 40:18,19; Romanos 3:23). Si la "imagen" significara sólo los valores espirituales del ser, como cree la mayoría de los comentadores, no tendríamos problemas para "dibujar" una imagen del carácter de Dios como lo señala la Biblia (Juan 14:9).

---

[140] *E*, p. 122.

Así que cuando *tsélem* señala a una persona, dibuja toda su personalidad, incluyendo su carácter, pero **siempre** cuando se muestra **físicamente**. EGW escribió: "Adán era perfecto en **su forma**: fuerte, bien parecido, puro, llevaba **la imagen de su Hacedor**".[141] La feliz pareja "era de elevada estatura y perfecta simetría";[142] era "algo más de dos veces más alto que los hombres que hoy pueblan la tierra".[143]

Esto explica por qué los antropólogos encontraron huellas de pies humanos de gigantes. Por ejemplo, en lo que es hoy el Dinosaur Park en Glen Rose, EE.UU., se encontró una. Y el estudio de los antropólogos del instituto científico *Smithsonian* reveló que se trataba de una huella de mujer gigante, de unos 3,05 metros y 450 kg. de peso.[144] Y el doctor Clifford L. Burdick anunció el descubrimiento de "una serie de entre 15 y 20 gigantescas huellas humanas de pies descalzos, cada una de ellas de unos cuarenta centímetros de longitud y veinte de anchura. El paso o zancada medía unos seis pies (aproximadamente 180 centímetros).[145]

Eva llegaba "un poco por encima de los hombros" de Adán.[146] Así que habrá medido alrededor de 3,60 m de altura, y Adán de 3,80 a 4 m. Hasta el diluvio, los hombres podían vivir más de 900 años, y muchos conservaron la altura de Adán (Génesis 3,4). El último de la raza de gigantes de cerca de 4 metros murió en tiempos de Moisés (Deuteronomio 3:11,13).

A su semejanza (*demuwth*):

Todas las criaturas que poseen *nefesh jayyah,* y que fueron hechos a "imagen de Dios" (teomorfa, no antropoforma), son "hijos de Dios", y por lo tanto de la "familia en los cielos". Todos estos seres tienen la imagen del Señor, pero no son iguales. Las expresiones: "una clase nueva y distinta"; diferentes "estaturas" y "más bellos que los habitantes de la tierra", nos indican que la imagen es parecida, pero no igual. Así que *tsélem* (imagen) es una figura, pero la palabra hebrea *demuwth* (semejanza) es una equivalencia o comparación (Isaías 40:25; 46:5). Por lo tanto *demuwth*, cuando se emplea como figura, señala con mayor énfasis la diferencia en la comparación que se está señalando.

Tengamos esto en cuenta cuando leemos: "El día en que creó Dios al hombre, a **semejanza** de Dios lo hizo" (Génesis 5:1,3. Ver Isaías 40:18,25; Ezequiel 1:5, 10, 13, 16, 22, 26, 28; 8:2; 10:1, 10,21, 22), y no aceptemos a los que argumentan que esta semejanza no puede tener relación con la imagen física, porque Dios hizo a nuestros primeros padres "varón y hembra", y él no tiene sexo. Ahora entendemos que fueron hechos a su "imagen" a pesar de las diferencias menores. Por eso el apóstol Pablo asegura que todavía el hombre, a pesar de la degeneración en que se encuentra, "es imagen y gloria de Dios" (1 Corintios 11:7). Es decir, que es fácil reconocerlo de lejos, y aún entre los monos, o cualquier otra criatura

---

[141] *CBA,* 1:1096.

[142] *PP,* p. 26.

[143] ————, *Testimonios selectos,* vol. 2, (Bs. As.: Casa Editora Sudamericana, 1927), p. 21.

[144] "Petrified Footprints: A Puzzling Parade of Permian Beasts", *The Smithsonian*, Vol. 23, July 1992, p.70).

[145] Clifford L. Burdick, *Footprints in the Sands of Time* (Huellas de pies en las arenas del tiempo).

[146] E. de White, *Eventos de los últimos días,* (Bs. As., ACES, 1992), p. 296.

inferior parecida que puebla nuestro mundo. Por supuesto, además de la imagen de los valores espirituales, que es donde la diferencia es más notable.

Pero Pablo de Tarso nos indica que a pesar que la imagen de los valores espirituales de Eva, era de igualdad complementaria y paralela (*kenegdó* de *neged*) con respecto a Adán (Génesis 2:18), la parte física de la imagen de éste se asemejaba un poco más a la imagen del Creador que a la de Eva (1 Corintios 11:7-9).[147] Esto puede explicar por qué Dios creó a Adán en forma directa, y a Eva a través del hombre y para el hombre. Recordemos que en el cielo todos seremos iguales y más semejantes a Dios, porque allá no habrá sexo. De esa manera llegaremos a ser iguales a los ángeles y demás hijos de Dios, porque no habrá más muerte (Lucas 20:34-36). ¿Se puede imaginar el tremendo problema que causaría en una eternidad la multiplicación de los seres sanos e inmortales?

CÓMO DEFINE LA BIBLIA LOS ELEMENTOS QUE COMPONEN TODO NUESTRO SER

Hemos visto que en la Biblia, la enunciación de todos los elementos que componen nuestro ser, suman una unidad dual, triple y cuádruple. Entonces debemos encontrar el modo de definir cuáles y cuántos son nuestros elementos constituyentes. Hay tres propuestas que tratan de hacerlo. La que más se ha generalizado es la posición dualista cuerpo-alma o cuerpo-espíritu, que a su vez se divide sosteniendo, unos, que el hombre posee alma inmortal, sea buena o mala, y otros que es mortal pero esta unidad dual puede alcanzar la inmortalidad en la resurrección. Y existe una tercera, que propone una unidad triple cuerpo, alma y espíritu, basándose principalmente en 1° Tesalonicenses 5:23 —no incluyo aquí la enseñanza de la Cienciología, que cambia el "espíritu" que menciona el texto, por "thetán": una vida inteligente que no pertenece a la estructura humana, pero que actuaría en él.

Pero, la fórmula bíblica de 1° Tesalonicenses 5:23 es la única en las Escrituras que habla de "todo" el ser humano, fuera de Génesis 2:7; y debemos respetarla. EGW dice también: "Nuestra identidad personal [el carácter] quedará conservada en la resurrección, **aunque no sean las mismas partículas de materia ni la misma sustancia material** que fue a la tumba [...] **el carácter** del hombre, **vuelve a Dios, para ser preservado allí**. En la resurrección cada hombre tendrá su propio carácter".[148]

Así que de nuestra sustancia corporal, lo único que llevaremos al cielo, después de recibir un cuerpo nuevo e incorruptible, será la regrabación química de los genes que forman nuestro carácter, y seguramente la forma de nuestro rostro, para que en el cielo nos podamos reconocer. Pero no será la misma grabación genética, sino una reproducción de ella.

La posición dual cuerpo-alma, que es la generalizada, no acepta que 1 Tesalonicenses 5:23 Pablo se refiere a "**todo** nuestro ser". Por eso interpreta el vocablo "espíritu" (*pneuma*)

---

[147] Esto no quiere decir que Adán era más semejante a su Creador por poseer un órgano masculino, sino por su forma general.

[148] *CBA,* 6:1092,1093.

como el intelecto, no como el soplo de vida; y el "alma" (*psujé*) como la parte emocional. Pero, como veremos más adelante, *pnéuma* y *psujé,* tienen en las Escrituras varios significados. ¿Qué base tienen para decir cuál de ellos se debe interpretar aquí? Sólo es correcto emplear aquí el sentido que, al unirlo con los otros dos elementos, pueda formar lo que constituye "**todo** nuestro ser", pues eso es lo que está asegurando el profeta inspirado.

Cuando Lázaro fue resucitado, la mayoría de los presentes se sorprendió porque él, que había estado cuatro días muerto, no contaba nada del más allá.[149] Esta información la podemos obtener también al leer II Macabeos 4:14-16. La dualidad platónica cuerpo-alma o cuerpo-espíritu ya estaba generalizada y aceptada (Tobías 5: 3).

Se creía que al volver el cuerpo al polvo, el alma iba a su destino final (Sabiduría 16:14). Si el alma era justa, recibía una "feliz inmortalidad" (3:4) con Dios (3:1; 5:5). Pero si había sido injusta, descendía a lo profundo de la tierra (Eclesiástico 12:19), donde había un lago de fuego (21:10; Sabiduría 16:15-19); y recibía "la condenación final" (Sabiduría 12:17), con "penas eternas" (Judit 16:21), gimiendo de dolor los tormentos de un fuego eterno (Sabiduría 3:1; 4:19,20; 5:14). La leyenda egipcia de Lázaro y el rico, que presentó Jesús para dejar una enseñanza mediante algo bien conocido, testifica claramente cuál era entonces la creencia popular acerca de la muerte y del castigo de los impíos, que todavía muchos sostienen.

Pero, cuando en la Biblia se da una revelación acerca de la naturaleza del hombre, Génesis 2:7; Salmos 146:1-4 y 1 Tesalonicenses 5:23 concuerdan perfectamente, porque presentan todos los elementos del ser. Por ejemplo, en Eclesiastés 12:7, el cuerpo ("polvo") va a la tierra, y el "espíritu" de vida a Dios, que lo prestó. Pero aquí no dice qué ocurre con el *néfesh jayyah.* Y podemos saber que aquí falta dar una explicación de este tercer elemento, porque lo dice en Salmos 146:1-4: "Alaba, oh alma[3°] mía, a Jehová [...] pues sale su aliento [de vida][2°], y vuelve [el cuerpo][1°] a la tierra; en ese mismo día perecen sus pensamientos"[3°] (o "alma" del versículo uno).

Aquí no hay ninguna diferencia con lo experimentado por los hombres de ciencia, cuando informan que pudieron lograr que el cerebro de un hombre muerto siga "pensando" por 12 días más. Los "pensamientos" que aquí menciona el rey David, son los conscientes ("alma"), que permiten reconocer que Dios merece alabanza , no los inconscientes que puede producir nuestra "computadora" cerebral mientras dormimos o, como en el experimento, después del día de la muerte.

EGW comenta 1Tesalonicenses 5:23 de tal manera que puede nombrar a todos los elementos del ser —aquí presento el número de los elementos según el orden que da Génesis 2:7—: "Todos los que consagran su **alma**[(3)], **cuerpo**[(1)] **y espíritu**[(2)] a Dios, recibirán constantemente una nueva medida de fuerzas **físicas**[(1)] **y mentales**[(3)]. Las inagotables provisiones del cielo están a su disposición. Cristo les da el aliento de su propio **espíritu**[(2)], **la vida**[(2)] de su propia vida".[150] Aquí ella hace concordar 1Tesalonicenses 5:23 con Génesis 2:7, pues el cuerpo es la parte física; el espíritu, es el soplo de vida, y el alma las facultades mentales de esa vida ("alma de vida").

---

[149] White, *DTG,* p. 511.
[150] Ibíd., p. 767.

¿El hombre tiene alma, o es alma?

Si bien el hombre vivo es una tricotomía, mientras vive es una unidad viviente. Por lo tanto es mejor decir que es una **triunidad**. Una parte de esta triunidad está constituida de "carne"; pero en verdad no tiene carne, sino que **es** "carne" (Salmos 65:2; Isaías 40:6; 49:26; Jeremías 25:31, etc.). En este aspecto, también los animales son una unidad. Por eso **son** "carne" (Génesis 7:15,16; 19:15-17, etc.). Y por la misma razón, en muchas ocasiones el hombre no tiene un "alma", sino que **es** un "alma" (Proverbios 11:30; Apocalipsis 6:9; 20:4); y **es** un "espíritu" o vida (1 Corintios 6:17; Hebreos 12:9; 1 Pedro 3:19).

Si, por ejemplo, el hombre llega a entrar en un estado de coma irreversible, los científicos anunciarán que entró en un "estado vegetativo"; pues desde entonces sólo posee cuerpo y vida, pero no tiene ya más conciencia ("alma"). Y al morir, la Biblia nos anunciará que su cuerpo irá al "polvo", pero su "espíritu" **se separará** del cuerpo, pues no irá a la tumba con el cuerpo, sino "a Dios que lo dio" (Eclesiastés 12:7). Por lo tanto, esta unidad viviente sólo es una unidad mientras sea una triunidad (una unión viviente triple).

En la muerte, el cuerpo no va a Dios con la vida, ni la vida va a la tierra con el cuerpo. Una parte es mortal y la otra es eterna porque la vida es un don del Dios eterno. Por lo tanto, es imposible que permanezcan unidos. Eso no apoya la dualidad platónica que mantiene la mayoría de la cristiandad, a menos que creamos que esa vida eterna de Dios sea un **ser** que vivió en nuestro cuerpo. O aún peor, que ese ser sea el mismo Dios.

El apóstol Pablo se detiene para destacar esta verdad, diciendo en griego: *kaì holókleron hymón"*, que traducido es: "y todas **las partes de ustedes**". Aquí, Pablo no está dividiendo nuestra unidad viviente. Simplemente nos aclara que no somos una unidad indivisible, sino una triunidad. El vocablo griego *holókleros,* viene de dos palabras: *holos:* ("completo", "todo"); y *kleros:* ("sección", "parte"). A muchos intérpretes les cuesta aceptar esta verdad. Pero EGW comenta Génesis 2:7 de esta manera: "En la creación del hombre [...] **Todas las partes** del organismo humano entraron en acción".[151]

El hombre **es** un alma. Pero la Revelación nos aclara que el alma de nuestra vida no es la vida en sí, sino que se forma por ésta (*néfesh jayyah:* alma de la vida); y permanecerá unida a ella siempre que sea consciente de que existe. Por esa causa los animales y el hombre son *néfesh jayyah,* pero no los vegetales. Tanto el hombre como el vegetal son la suma de un cuerpo con la vida. Pero el primero forma una triunidad, en cambio el segundo una unidad dual, porque no tiene el "alma" mientras vive.

Aquí se ve claramente el problema que tienen los que sostienen que somos una unidad dual cuerpo-alma o cuerpo-espíritu. Y el problema llega a ser aún mayor al querer señalar cuáles y a dónde van sus partes en la muerte. Por eso terminan diciendo que además del cuerpo que va al **polvo**[1°], tenemos que saber diferenciar el espíritu de **vida**[2°] que retorna a Dios, del **alma**[3°] del hombre que muere al instante, pues la Biblia es clara: "El alma (*néfesh*) que pecare, esa morirá" (Ezequiel 18:4,20). Pero continúan insistiendo en una dualidad. Algunos argumentan que se está hablando del hombre después de la muerte, cuando ya no

---

[151] *JT*, 3:262,263.

tiene alma. Pero en Eclesiastés 12:7 y Salmos 146:1,4 no se refiere a los muertos, sino a los que llegan a la muerte y el alma deja de ser. Es decir cuando dejan de ser una triunidad.

Qué es el alma:

Vimos que según Génesis 2:7, el "alma" (*néfesh*) es un hombre en estado consciente. Si el "alma" significara "hombre", nosotros podríamos ser confundidos con simples animales, como sostienen los evolucionistas, ya que los animales también son *néfesh jayyah* (Génesis 1:20, 21,24; 2:19; 9:10,12,15, etc.) y *psujé* ("almas" Apocalipsis 16:3). Pero es sabido que la diferencia del "alma" humana con la que poseen los animales, está en que la capacidad intelectual que Dios dio al primero es muy superior; a tal grado que puede dialogar con su Creador, amarlo y entenderlo por lo menos en parte.

Cuando examinamos la fórmula humana más conocida de Génesis 2:7, tenemos: Cuerpo + vida = ser viviente. Por lo tanto, ser = cuerpo con vida. Pero los vegetales también son cuerpo con vida, y no tienen alma o entendimiento.

En el Antiguo Testamento, "alma" (*néfesh*) aparece 753 veces; y se la traduce como alma, vida, el yo, criatura, ser viviente, persona, apetito, mente, emoción, deseo y pasión. Viene de la palabra *náfash*, que significa refrescarse, tomar aliento, reavivarse. En la versión Biblia de Jerusalén no dice que el alma que peca muere, sino que muere la vida (Ezequiel 18:4), justamente por traducir *néfesh* como "vida". Pero sabemos que en la muerte, la vida no muere sino que la retoma Dios, que él nos prestó (Eclesiastés 12:7). Entonces, si *néfesh* significara "vida", en la fórmula de Génesis 2:7 nos daría esta redundancia:

Cuerpo + vida = "vida de vida" o "vida viviente".

Por eso estoy de acuerdo con EGW cuando lo explica así (enumero las partes según Génesis 2:7): "Cuando el Señor lo creó a su **imagen**, el hombre era perfecto en todo sentido, pero no tenía vida. Entonces un Dios personal y que existe por sí mismo sopló en esa forma[(1)] el **aliento de vital**[(2)], y el hombre llegó a ser un **ser viviente**[(1,2)], **inteligente**[(3)] **que respiraba** [...]. Entonces el hombre llegó a ser **alma**[(3)] **viviente**[(2)]".[152]

Aquí tenemos:

Cuerpo ("imagen")[1°] + "aliento vital"[2°] = ser viviente[2°], inteligente[3°].
("viviente") ("alma" de esa vida)

Ahora el "alma" no es sólo un ser, una vida, una criatura viva, un hombre o un individuo. El "alma" es la vida que es inteligente; el ser que piensa, no que está durmiendo o en "estado vegetativo". **El hombre es una vida consciente, sino dejaría de ser persona.**

Cuando el individuo está dormido, su "alma" (el consciente) duerme; cuando muere, su entendimiento (alma) deja de ser en el mismo momento, aunque a su cerebro los científicos lo mantengan con vida por 12 días, o que lograran trasplantarlo en el cuerpo de otro individuo. Entonces, cuando se cumple la muerte irreversible, que es la verdadera muerte, "en ese **mismo día**[153] perecen sus pensamientos ["alma"]" (Salmos 146:4,1).

---

[152] *CDCD*, p. 271.

[153] La Revelación podría haber dicho "en el minuto"; "en la hora" o en el momento cuando deja de latir el corazón y pierde el conocimiento. Pero posiblemente Dios tomó en cuenta la resucitación en las salas de

La Biblia y el alma:

Vimos que cuando en la Biblia "alma" es empleada como "vida", siempre es una vida que piensa (Lev. 17:14; Deuteronomio 12:23; 1 Reyes 17:21; 19:41; Job 12:10; 33:22; Salmos 16:10; Isaías 61:10; Mateo 6:25; Mar. 3:4; 8:35,36; Hech. 20:10, etc.). Nunca es un vegetal, porque no es una vida que tiene entendimiento. Vemos que es un error generalizado interpretar el "alma" sólo como "vida", en lugar de "vida inteligente", o "vida consciente". De hecho, en varios pasajes bíblicos la palabra *nefesh* es empleada sólo como la parte inteligente del ser (Génesis 42:21; 49:6; Levítico 26:15; 26:43; Deuteronomio 4:9;11:18; 28:65; Job 10:1; Salmos 11:1; 35:9; Proverbios 24:14; Hechos 4:32, etc.). Pero el contexto nos indica que es definidamente la parte **consciente** de la mente, y no toda ella. Se la relaciona muchas veces con "corazón", es decir con los sentimientos y deseos de la mente carnal (Deuteronomio 4:29; 6:5; 11:18; 13:3; 30:2,6; Josué 23:14; 1 Reyes 2:4; 8:48; 2 Reyes 23:3,25; 1 Crónicas 22:19, etc.); piensa gracias al archivo de la memoria que posee su cerebro (Lamentaciones 3:20); es consciente de que debe arrepentirse, y toma decisiones razonables (Salmos 41:4; 42:4; 43:5; 131:2; Jeremías 6:16; Mateo 11:29; Hechos 14:22, etc.). Por eso, en ciertos momentos el "alma" llega a enfrentarse a las propuestas de su inconsciente (1 Pedro 2:11); a la grabación química de sus pensamientos, que son pecaminosos.

Como los animales tienen "alma viviente", es decir que además de los instintos grabados en su inconsciente, tienen cierto grado de entendimiento, también pueden tener conflictos entre los instintos y sus deseos y lo que en determinado momento saben qué deben hacer. Por ejemplo, enseñe a su perro que no debe salir a la calle cuando se abra la puerta. Una vez que entiende, abra la puerta y escóndase para que el perro crea que está solo y se sienta libre para actuar. Entonces verá cómo avanza para salir, pero luego se detiene y permanece indeciso unos momentos antes de tomar una decisión. No se trata de un conflicto entre el bien y el mal, sino de los instintos y deseos de su inconsciente con su consciente ("alma").

Como los vegetales no tienen "alma", viven sólo de acuerdo a las órdenes que les dan sus genes. Por ejemplo, la planta de girasol no gira porque sabe dónde está ubicado el sol en cierto momento, sino por un mecanismo genético totalmente inconsciente.

El rey David oraba: "**Sana mi alma,** porque contra ti he pecado" (Salmos 41:4). "La ley de Jehová es perfecta, que **convierte el alma**" (19:7). La ley de Dios —por el Espíritu Santo— no convierte el aliento de vida de Dios, ni la circulación sanguínea o todo nuestro ser, sino sólo el pensamiento del ser. Ezequiel escribió acerca del nuevo nacimiento espiritual: "Y apartándose el impío de su impiedad que hizo [...] **hará vivir su alma**" (Ezequiel 18:27). Aquí habla del renacimiento de **la conciencia** del hombre vivo que pecó, no de toda la vida o de un ser que habita el cuerpo.

El alma es también:

- El "espíritu" (lo que no se ve) de la mente (*nous*) (Efesios 4:23).

---

cirugía de la muerte relativa, cuando después de 3 a 7 minutos al ser todavía se lo puede volver a la conciencia.

- El "entendimiento" (*nous*) que se renueva de la mente (Romanos 12:2).
- La "conciencia" (*nous*) (1 Pedro 3:21; Hebreos 9:13,14; 10:22).
- La "razón".[154]
- El "yo" (Juan 5:30; Gálatas 2:20).
- La "voluntad" (Marcos 14:36 con Lucas 22:42).

Conclusión:

1º Gracias a la ciencia y a la Biblia, podemos definir el "**alma**" como el resultado de la existencia de la "carne" o cuerpo (cerebral) con la vida (Génesis 2:7). Modificándose química o físicamente uno de estos dos elementos, se modifica el "alma"; y faltando uno de los dos elementos, el "alma" deja de existir en el momento. Como el "alma" no es toda la mente, sino sólo la parte consciente de la acción cerebral, deja de actuar (duerme) en el momento del sueño, de la hipnosis, del desmayo y la muerte relativa, aunque la parte inconsciente del cerebro siga en actividad. Y deja de existir cuando llega el cuerpo al estado de coma irreversible y la muerte absoluta.

2º Como el "alma" es la parte consciente del ser; y como deja de ser en el momento cuando el hombre duerme, o se desmaya, etc., se evidencia que el "alma" es un tercer elemento que posee nuestra naturaleza. Cuando falta en el hombre, como en el estado de coma, y llega a ser una unidad dual cuerpo-vida, se lo considera como un ser en "estado vegetativo" (es un ser humano, pero no una persona).

3º Aunque la Revelación presenta al hombre con distintas fórmulas constituyentes del ser, la triunidad de 1Tesalonicenses 5: 23 es el único lugar donde aclara que se refiere a "**todo**" el ser, y se ajusta a la descripción que da Génesis 2:7. Pero, como el ser no es una tricotomía, sino una unidad triple, el hombre en la Biblia **es** "alma" y a la vez **tiene** "alma", según desde qué punto de vista se la identifique. Por lo tanto, en la Biblia *néfesh* es tanto **la vida** que es inteligente, como **la inteligencia** de la vida. El factor común es siempre la inteligencia o entendimiento.

4º La mejor y más clara interpretación que podemos dar de Génesis 2:7, la da EGW:

Cuerpo[1º] + vida[2º] = criatura inteligente[3º].
("Polvo") ("aliento de vida") ("viviente") ("alma").

[154] *CDN*, p. 38.

CUANDO MORIR ES COMO DORMIR

Cierto día Jesús llegaba a Betania, cuando alguien le informó que Lázaro, al que se había propuesto sanar, había fallecido. La respuesta del Señor sorprendió y luego confundió a todos: "Nuestro amigo Lázaro duerme, mas voy para despertarle [...] Entonces Jesús les dijo claramente: Lázaro ha muerto" (Juan 11:11-14). El sueño es una de las expresiones más comunes que se emplean en la Biblia para describir el estado de un hombre muerto (Deuteronomio 31:16; 1 Reyes 2:10; 11:43; 14: 20,31; 15:8,24; 16: 6,28; 22:40,51; 2 Reyes 8:24; 10:35; 13:9,13; 14:16,22,38; 16: 20,21; 21:18; 24:6; Job 17:21; Isa. 26:19; Daniel 12:2; Nahún 3: 18,19; Hechos 2:29,34; 13:36; 1 Corintios 15:6,18,20; 1 Tesalonicenses 4:13,14,15; 2 Pedro 3:4, etc.).

Cuando dormimos, el inconsciente del cerebro sigue en actividad durante la mayor parte del sueño; y la parte automática, que mantiene bajo su dirección el ritmo cardíaco, la respiración y todos los sistemas que permiten al individuo que siga con vida, actúa durante todo el tiempo. Entonces, ¿por qué esta comparación que hace la Biblia, que parece tan inapropiada?

Todo lector sabe que las figuras del lenguaje nunca corresponden exactamente con los objetos o las personas que quieren describir. Pero esas ilustraciones nos ayudan a dirigir el pensamiento hacia las características más sobresalientes que el escritor quiere destacar, y permiten que la idea pueda ser grabada en la mente en la forma más excelente: Mediante asociación de ideas, que es justamente el modo que el cerebro humano la graba en el archivo de la memoria. Y ahora notemos cuán excelente es la comparación del sueño, a fin de hacernos entender mejor lo que ocurre en la muerte.

En el sueño profundo:

1° La parte inconsciente del cerebro (la supercomputadora) sigue en actividad.

2° La parte consciente está desconectada; está anulada. Se dice que en este estado "**no tiene conciencia**" —y bíblicamente la "conciencia" es el "**alma**".

3° Si la persona duerme, es porque se va a despertar. Sólo entonces **volverá** a ser consciente —volverá a activar el "alma". Por lo tanto, en esta comparación, Jesús nos aclara que va a ver una gran resurrección para todos los muertos que creyeron en él.

En la muerte absoluta:

1° La parte inconsciente puede mantenerse en funcionamiento por unos minutos; y en forma artificial hasta unos 12 días, como lo demostró el equipo científico del Dr. E. Rellet.

2° La parte consciente queda anulada después de unos 10 segundos que el corazón deja de latir. Simplemente "**no tiene conciencia**", es decir que ya **no tiene "alma".**

3° Si la muerte es un sueño, entonces va a ver un "despertar". Es una promesa de resurrección y, por lo tanto, el hombre muerto volverá a ser otra vez *néfesh jayyah,* es decir: "alma de vida".

La biblia y el "espíritu":

En el A.T. "espíritu" (*ruaj*) se encuentra 377 veces; y corresponde con la palabra griega *pneuma* del N.T., que aparece 379 veces, y **nombra todo lo que no se ve** mediante la visión natural. Por eso, *ruaj-pneuma* puede ser: El Espíritu Santo, el Aliento de vida, ánimo, viento, apariciones de "muertos" (es decir demonios), ángeles, la santidad, la voluntad, persona espiritual o santa, etc.

"El alma que pecare esa morirá":

Según la Biblia, ¿el alma es inmortal o no? Vimos que el "alma" es la parte consciente del ser humano; y vimos que Jesús compara la muerte a una persona que está durmiendo, es decir que no es consciente. Por lo tanto, sea en el sueño o en la muerte, el alma, o el entendimiento, no debería estar actuando. Y eso es lo que nos dice la Biblia: "En ese mismo día perecen sus pensamientos (Salmos 146:4,1). "Porque así como en Adán **todos mueren**", (1 Corintios 15:22), es decir, por causa del pecado de Adán todos sin excepción heredamos la muerte, Dios dio "a su Hijo único, para que todo aquel que en él cree, no se pierda sino **tenga vida eterna**" (Juan 3:16).

Pero, ¿no es solo el cuerpo el que muere? Generalmente se cree que el cuerpo es mortal, pero el alma es inmortal. Pero Pablo de Tarso aclara que sólo es "el Señor de señores, **el único que tiene la inmortalidad**" (1 Timoteo 6:15,16). Justamente, es por esta verdad que Jesucristo murió para que el que se arrepiente "tenga vida eterna"; "y esto mortal se vista de inmortalidad" (1 Corintios 15:53). Si nuestra alma tuviera esa vida eterna, el Señor habría muerto inútilmente. Lamento que tantos creyentes no pensaron en esto, por creer en una doctrina generalizada que inventó Satanás en el Edén: "**No** moriréis [...] seréis como Dios" (Génesis 3:4,5).

En ninguna parte de la Biblia dice que nuestra "alma" es inmortal, sino todo lo contrario: "**El alma**[155] [hebreo *nefésh*] que pecare **esa morirá**" (Ezequiel 18:4,20). "Nadie puede conservar la vida a su propia alma" (*nefésh*: Salmos 22:29,30). Y como el alma es la parte consciente del ser, "No alabarán los muertos a Yahweh, ni cuantos descienden al silencio" (Samos 115:17). También vimos que "en Adán **todos mueren**" (salvo los pocos humanos que se llevó Dios antes de la gran resurrección, como garantía para los que temen el pecado en el cielo por todos los que serán salvos por Cristo). Pero "ningún homicida tiene vida eterna permanente en él" (1 Juan 3:15). Así que la creencia de la inmortalidad del alma no es bíblica. Sólo la podremos tener por medio de la muerte de Cristo (Juan 3:16).

Por eso, Salomón describe la muerte así: "Los vivos saben que han de morir, pero los muertos nada saben, ni tienen más paga; hasta su memoria queda en el olvido. También su amor, su odio y su envidia perecieron ya, y nunca más [hasta la resurrección] participan en nada de lo que se hace bajo el sol" (Eclesiastés 9:5,6). Es por eso que la comparación más

[155] En la versión bíblica de Jerusalén, se traduce del hebreo *nefésh* por vida, en lugar de alma. Pero vimos que *nefésh* no es la energía de vida, sino su resultado cuando se la une con el cuerpo cerebral (Génesis 2:6). Por eso no dice que el cuerpo más la vida dio la vida (redundancia), sino un alma o ser como persona viva, es decir una vida inteligente o la inteligencia de la vida (*nefesh hayyah*).

común que hace la Biblia de la muerte es con el que duerme, que no tendrá conciencia hasta que Dios lo despierte.

Un muerto en el infierno que dialoga con santos del cielo:

Un título que sorprende, ¿verdad? Sin embargo muchos creen que esta conocida leyenda egipcia de Bar Bayán, que empleó Jesús con el objeto de afirmar que aunque vieran resucitar muertos, algunos nunca creerían el mensaje divino (Lucas 16: 19-31), aseguran que fue un hecho real. Y en base a esta leyenda, pretenden fundar toda una doctrina de un infierno eterno para malos muertos en estado consciente, en el centro de la tierra.

En esta parábola, un pobre llamado Lázaro es tratado con desprecio por un rico. Muere el pobre y va al cielo con la protección del patriarca Abraham; y el rico muere y va al infierno. Entonces aquí ya tenemos el primer problema:

1° Pablo afirma que entre los padres hebreos de la fe, entre ellos Abraham (Hebreos 11:8), "murieron todos estos sin haber recibido lo prometido sino mirándolo de lejos" (Hebreos 11:13-16). Por eso, el apóstol agrega que los que creen que Abraham y demás padres de la fe ya están en el cielo, "se desviaron de la verdad, diciendo que la resurrección ya se efectuó, y trastornan la fe de algunos" (2 Timoteo 2:18). Los que sigan vivos al venir Jesús en gloria para hacer justicia (Mateo 25:31-33), serán resucitados "juntamente con ellos" (1 Tesalonicenses 4:16,17). Por lo tanto, todavía Abraham no está en el cielo protegiendo al pobre de esa leyenda egipcia.

2° No hubo ni hay un infierno en el centro de la tierra donde el rico malvado se retuerza entre las llamas. El castigo por fuego se cumplirá 1000 años después de la venida de Cristo, cuando resucite a los justos muertos y transforme a los que quedan vivos (1 Tesalonicenses 4:16-18; Apocalipsis 20:5,6). Y ese fuego del infierno no será en el centro de la tierra sino "sobre la tierra" (Ezequiel 28:18,19).

3° Ya vimos que los que mueren no tienen más consciencia de lo que sucede. Por lo tanto no pueden sentir dolor por un castigo por medio del fuego o cualquier otra cosa.

4° Como no es un hecho real sino una leyenda egipcia, lo que se cuenta contradice los hechos: El rico malo está en el infierno y al mismo tiempo dialoga con los santos del cielo, que sabemos que están en "la tierra" celestial miles de millones de años luz del planeta Tierra (Isaías 13:5). Pide que alguien moje su dedo para calmar el dolor, sabiendo que antes que llegue esa persona el agua se evaporaría y ella misma sería muerta por el intenso calor. Lamentamos, pues, que todavía tantos creyentes crean estas cosas.

Estudio adicional:

Por último, veamos otras dificultades que tienen los cristianos que sostienen la creencia en la inmortalidad del alma humana y dicen basarse en la Palabra de Dios:

■ Generalmente se cree que la ascensión al cielo ocurre en el momento de la muerte, no cuando regrese el Señor.[156] Pero si fuera así, todos los justos **vivos** ya habrían sido llevados al cielo, pues el apóstol Pablo dijo que en la gran resurrección de los justos, "nosotros los que vivimos, los que hayamos quedado, seremos **arrebatados juntamente con ellos** en las nubes para recibir al Señor, y así estaremos siempre con él" (1 Tesalonicenses 4: 16,17). Entonces, si no fuimos arrebatados "con ellos", los que quedamos seríamos los malos sin esperanza, que sólo esperaríamos el castigo de "fuego". Gracias a Dios, ya vimos que los justos muertos serán arrebatados junto con los vivos en la segunda venida.

■ Si fuera cierto que la resurrección ocurre en la muerte, los santos del tiempo de Jesús y de los apóstoles, también estarían en el cielo. Entonces, ¿por qué al cuarto día de la muerte de Lázaro, Cristo le dijo a Marta: "Tu hermano resucitará" Y "Marta le dijo: Yo sé que resucitará en la resurrección, en el día postrero"? (Juan 11:23,24. ¿Por qué ninguno de los dos dijo que ya había resucitado? ¿Y por qué San Pablo dijo que algunos "**se desviaron de la verdad**, diciendo que **la resurrección ya se efectuó**, y trastornan la fe de algunos" (2 Timoteo 2:18)? Él negó esta creencia explicando que los justos, "aunque alcanzaron buen testimonio mediante la fe, **no** recibieron lo prometido [...] para que no fuesen ellos perfeccionados **aparte de nosotros**" (Hebreos 11:39,40), sino nosotros "juntamente con ellos" (1 Tesalonicenses 4:17) —Se entiende que el apóstol le da un sentido general, porque no incluye unas pocas resurrecciones especiales que menciona la Biblia.

■ Si los justos muertos están felices en el cielo, ¿para qué necesitan venir para recibir un cuerpo incorruptible y volver al cielo en el regreso de Cristo (1ª Corintios 15:51-53)? ¿Es que allá no son plenamente felices y no pueden seguir viviendo hasta que tengan un cuerpo?

■ Si los malos sufren el castigo del "fuego" desde su muerte, ¿cómo se puede quemar el alma desencarnada de ellos? Y si se trata de un fuego distinto que podría quemar a los seres incorpóreos, ¿por qué para su condenación tendrán que tomar un cuerpo en la resurrección de los malos, como aseguró Jesús (Mateo 10:28; Juan 5:29)? ¿Puede haber algo más contradictorio?

■ El apóstol Juan reveló que cuando el Señor regrese, los malos serán muertos y los santos transportados al cielo, donde harán juicio de los malos, antes que éstos sean resucitados para su condenación final en vida, a fin de que puedan defenderse (Apocalipsis 20:5,6,12-15). Pero si, según creen muchos, los malos no mueren y los juzgados ya se mueven sufriendo entre las llamas, ¿por qué el salmista dice que "**no** se levantarán los malos en el juicio" que

---

[156] En *el Catecismo de la Iglesia Católica* se lee: "¿Qué es resucitar? En la muerte, separación del alma y el cuerpo, el cuerpo del hombre cae en la corrupción, mientras que su alma va al encuentro con Dios, en espera de reunirse con su cuerpo glorificado" (*Catecismo de la Iglesia Católica,* (Montevideo: Edit. Lumen S.R.L., 1992,), Nº 997, pág. 238). Es decir que Roma cree en dos resurrecciones, o en una que se cumple en dos momentos: La primera al morir y se separa el alma del cuerpo, y la segunda, que es "la resurrección de la carne", dentro de miles de años en la segunda venida. Para los protestantes no es claro si hay resurrección de la carne, porque el cielo sería un mundo de espíritus. Por eso algunos creen que los que vivieron antes de Cristo, resucitarán en la carne para vivir en la tierra. Y los demás sin la carne en el cielo.

se hará entonces en unos momentos de ese milenio (Salmos 1:5); y Juan vio en visión que "**no** volvieron a vivir hasta que se cumplieron mil años" después del regreso de Cristo (Apocalipsis 20:5)?

■ El apóstol Pablo dice que la victoria sobre la muerte, será recién cuando en la resurrección los justos reciban **un cuerpo** incorruptible (1 Corintios 15:54). ¿Entonces los espíritus buenos desencarnados que ya estarían en el cielo, todavía no gozarían de la inmortalidad? ¿Quiere decir que los que viven hoy serían inmortales hasta que asciendan al cielo; en el cielo serían mortales por no tener cuerpo, para volver a ser inmortales cuando aquí reciban un cuerpo nuevo? Qué confusión, ¿verdad?

■ San Pablo escribió que "la paga del pecado es **muerte**, sino la dádiva de Dios es **vida eterna** en Cristo Jesús Señor nuestro" (Romanos 6:23). Entonces, ¿para qué vino Jesús a darnos la inmortalidad, si ya la tendríamos? ¿No es que Jesús nos ofrece esta promesa, porque ningún pecador "tiene vida eterna permanente en él" (1ª Juan 3:15; Juan 3:36), ya que es "**mortal**" (Salmos 56: 4; 73:5; 107:14; Isa. 51:12; Romanos 1:23; 2:7; 6:12; 8:11; 1 Corintios 15: 53,54; 2 Corintios 4:11; 5:4; Hebreos 7:8)? Así que Jesús lo hará para que "esto **mortal** se vista de inmortalidad" (1ª Corintios 15:53), pues el Señor es "**el único que tiene inmortalidad**" (1ª Timoteo 6:15, 16).

■ Si el "alma" no es el resultado de la unión del cuerpo cerebral con la vida, sino un ser que lo habita y lo usa, ¿por qué una droga, como el alcohol, influye no sólo sobre el cerebro sino también en el comportamiento del "alma"? ¿Por qué la pérdida de una zona cerebral, produce la pérdida de parte de la memoria y la capacidad del "alma" o mente?

■ Si las "almas" celestiales no se casan ni poseen deseos sexuales, como vio necesario el Creador para este mundo (Lucas 20:34-36), ¿por qué tantas almas quedan arruinadas por los desenfrenos carnales, y perderán el cielo por el mal uso del deseo sexual (1ª Corintios 6:9,10)? ¿Por qué Dios tendría que culpar al "alma" de lo que realiza el cuerpo de un hombre, si el alma sería **otro** ser espiritual que lo habita, que no tiene en sí mismo los órganos que producen esos deseos, y por lo tanto sería inocente?

■ Si el "alma" no fuera el producto de la acción cerebral que nos hace ser conscientes, sino un ser eterno que mora en el cuerpo, ¿por qué dijo Jesús que el "alma" no se puede matar ahora, pero sí será destruida en el infierno (Mateo 10:28)? Si el "alma" fuera un ser eterno, no podría ser destruida ni ahora ni nunca. El Señor quiso decir que los malos no podrán matar el pensamiento y la fe en la resurrección de los justos; pero los pensamientos de los malos sí, cuando el fuego destruya sus cuerpos con su cerebro para siempre.

■ Si desde la muerte del justo Abel, cuatro mil años antes de Cristo, todos los santos hubiesen ido directamente al cielo, ¿cómo habría podido decir San Pablo que si no hay resurrección, "también los que durmieron en Cristo, son perdidos" (1Corintios 15:18)? Si ya estarían allá no podrían estar perdidos. Pero si estarían perdidos si no tuvieran un cuerpo vivo renovado, como también Cristo tiene cuerpo de gloria eterno (Filipenses 3:20,21).

■ Si, como vimos, la Biblia generalmente compara la muerte a la inconsciencia del sueño, ¿cómo pueden los malos ser conscientes del dolor y el sufrimiento de un lugar de castigo, y los justos gozar del paraíso; reconocer a sus queridos en el cielo y alabar a Dios antes de ser despertados en el día de la resurrección de la carne? ¿Es que la Biblia es una contradicción, o la doctrina de la inmortalidad del alma humana no es bíblica? No es bíblica. Por eso en la *Nueva Enciclopedia Católica,* tomo 13, página 468, confiesa: "La Biblia no habla de la supervivencia de un alma inmaterial".

EL DESTINO DEL HOMBRE

La Biblia nos dice de dónde venimos, por qué estamos y adónde vamos. Pero los científicos también presentan sus teorías acerca del origen y destino del hombre. El divulgador científico Robert Clarke asegura que en el futuro, todos seremos macrocéfalos. "Tendremos un cerebro más grande, con una frente y capas corticales más amplias". Algunos órganos van a desaparecer, como las amígdalas, el coxis –último legado de una primigenia cola– y el apéndice, que son las denominadas estructuras vestigiales de nuestro organismo. [157]

Es llamativo que estos científicos sean tan ignorantes, pues las amígdalas conforman la primera barrera de alarma contra las infecciones. El apéndice, es una sabia reserva intestinal del sistema bacteriano, que se vale el organismo cuando una fuerte diarrea acabe con suficiente flora intestinal. Y el hueso coxis es indispensable para que en él se inserten los músculos que nos mantienen erguidos, y poder evacuar las heces. Estos errores vienen del evolucionista Haeckel y su teoría, cuando decía que "la ontogenia recapitula la filogenia", y fue rechazada por la ciencia a mediados del siglo pasado.

El filósofo Nick Bostrom, director del "Instituto para el Futuro de la Humanidad" de la Universidad de Oxford, también asegura que el hombre del futuro será transhumanista, pues estará equipado con órganos artificiales mediante técnicas como la clonación, la manipulación genética y la implantación de ingenios electrónicos en nuestro organismo.[158]

En un estudio publicado en la revista *Current Aging Science*, el antropólogo evolucionista Cadell Last, del Global Brain Institute, sostiene que además de poseer un cerebro más grande, hacia 2050 los humanos viviremos unos cuarenta años más, pero tendremos menos hijos y en edades mucho más avanzadas.

Eruditos de la *Singularity University de Silicon Valley*, creada por la NASA y financiada por Google, afirman que en 2045, no sólo tendremos 40 años más, sino que

[157] *¿Cómo serán los humanos del futuro?* En: https://www.muyinteresante.es/revista-muy/noticias-muy/articulo/como-seran-los-humanos-del-futuro-771426854936. (Visto el 13-11-19).

[158] Idem.

seremos inmortales.[159] Y aseguró: "En los próximos 30 años vamos a curar todas las enfermedades y ustedes son parte de la primera generación inmortal humana".[160]

Es evidente que algunos científicos ven el futuro con un entusiasmo exagerado, pues si bien el nivel de vida subió al contar desde la Edad Media, últimamente este nivel se está deteniendo por causa de las enfermedades de esta generación, donde se incluye el estado mental. Por eso es que las antiguas razas de Neanderthal y Cromagnón poseían una constitución ósea mucho más sólida, y la capacidad craneana llegaba hasta los 1750 cc. Es decir que hubo una regresión evolutiva. Y es la posible explicación por qué algunos evolucionistas no los ubican en el árbol evolutivo.

¿Qué nos dice la realidad? Que los nuevos hábitos de vida están conduciendo a nuestros hijos a un creciente e imparable consumo de drogas y bebidas alcohólicas, con sus terribles consecuencias en la salud física y mental; como así también en el deterioro y posible destrucción de la familia humana. El historiador Arnold J. Toynbee, en su famosa obra *Estudio de la Historia*, probó que la decadencia y muerte del Imperio Romano y otras 18 grandes civilizaciones, se debió principalmente a la decadencia del núcleo familiar.

Richard Hawking y varios otros astrofísicos creen que no nos queda mucho futuro, pues aunque el hombre no empleara las bombas atómicas, es posible una invasión extraterrestre o la destrucción del planeta por el impacto de un asteroide. Y si eso no sucediera, el hidrógeno del sol se terminará y la oscuridad, el frío y la muerte terminará con toda la vida del mundo. Se ha pensado en habitar en la luna o en Marte, pero el tiempo de subsistencia será limitado. En resumen, el hombre nunca podrá cumplir su promesa de la vida eterna. Nuestro destino es la muerte… a menos que creamos en lo que Dios nos ofrece.

1000 años en el planeta "cielo", y vida eterna en nuestro planeta renovado:

Poco antes de ascender al cielo, Jesucristo prometió: "No se turbe vuestro corazón. Creéis en Dios, creed también en mí. En la casa de mi Padre hay muchas moradas […] vendré otra vez, y os llevaré conmigo, para que donde yo esté, vosotros también estéis" (Juan 14:1-3). El profeta Isaías aclara que entre nuestro planeta y el centro del universo, que está ocupado por una "tierra" o planeta, y que el Astrónomo Georges Lemaitre (uno de los originadores del Big Bang) mencionó, es el lugar "más lejano" de todos los planetas del universo (hebreo *merkjác:* Isaías 13:5). Es evidente que por "presciencia" (1 Pedro 1:2), Dios sabía que de todos los mundos habitados (Efesios 3:15; Hebreos 12:23), el nuestro provocaría la única rebelión contra su gobierno. Por eso eligió este planeta vacío tan lejano (Génesis 1:1,2). Y lo hizo, sabiéndolo, porque el libre albedrío, tan necesario para poder amar y ser amado, requería experiencia universal contra el mal y sus consecuencias. Y por eso Dios aprovechó nuestra desobediencia como vacuna universal.

---

[159] *¿Cómo será la humanidad dentro de 1.000 años?* En; https://www.elmundo.es/f5/2015/11/04/563a250846163f02028b462a.html. (Visto el 13-11-19); *En 2045 el hombre será inmortal*, https://www.elmundo.es/ciencia/2014/07/22/53ce5a8cca4741f5328b457f.html.

[160] *En 2045 el hombre será inmortal*, En: https://www.elmundo.es/ciencia/2014/07/22/53ce5a8cca4741f5328b457f.html (Visto el 13-11-19).

Dios sabía muy bien que la capacidad de la libre elección puede ser muy peligrosa. Y ahora nosotros también lo sabemos. Un hijo robot puede estar hecho para obedecer siempre. Pero, como Dios, preferimos un bebé humano aunque nos cueste muchos dolores de cabeza, pues amar y ser amado vale la pena. El plan divino es tan perfecto y tan seguro, que Dios ya nos adelanta: "¿Qué pensáis contra el Señor? Él hará consumación. La maldad no se levantará dos veces" (Nahum 1:9). Y esto se cumplirá a pesar que la libertad de elección será eterna.

Luego que se cumplan todas las señales de la época de su venida (Mateo 24), y "cuando el Hijo del Hombre [el Señor Jesús que se hizo hombre] venga en su gloria, y todos los ángeles con él, entonces se sentará en su trono de Gloria. Y serán reunidas delante de él todas las naciones. Y separará los unos de los otros, como el pastor separa las ovejas de los cabritos" (Mateo 25:31,32).

El apóstol Pablo agrega: "Porque el mismo Señor descenderá del cielo con voz de mando, con voz de arcángel y con trompeta de Dios, y los muertos en Cristo resucitarán primero. Luego nosotros, los que estamos vivos, los que hayamos quedado, **seremos arrebatados juntamente con ellos** en las nubes, y recibir al Señor en el aire" (1 Tesalonicenses 4:16,17).[161] En Apocalipsis 20:5,6 Juan explica que la primera gran resurrección será la de los santos. En cambio, 1000 años después de la segunda venida, la segunda resurrección será para que los malos muertos por la gloria de Cristo, puedan ser juzgados vivos para defenderse, y morir según sus obras (Apocalipsis 20:5,6).

Entonces, al fin de esos mil años se cumplirá la segunda resurrección, que es la de los malos, para que sean consciente de su sentencia de muerte. El santuario o ciudad de Dios descenderá con los santos del planeta Cielo al planeta Tierra (Apocalipsis 21:1-3; Isaías 13:5).[162] Pero antes que la ciudad santa, de dos mil ciento sesenta kilómetros de lado (Apocalipsis 21:16: cada estadio =180 m), se pose sobre lo que hoy es Israel y sus vecinos (y que también fue el lugar del jardín del Edén antes del diluvio: Génesis 2:14), la tierra de Israel será removida, purificada y alisada por el Señor (Zacarías 14:4). Entonces la ciudad santa con los justos y el Salvador, se establecerán sobre ese gran valle.

Al ver los malos resucitados la hermosa ciudad de Dios, tratarán de tomarla, pero no podrán, pues serán quemados por el fuego (Apocalipsis 20:6-9). Para que cada uno sea juzgado "según sus obras", la mayoría morirá en pocos momentos, pero no Satanás y sus - ángeles. Y después de siete meses, cuando se enfríe la tierra y los ángeles la recorran para verificar que no quede un solo malo sin ser destruido (Ezequiel 39:11-15), el mundo será

---

[161] El énfasis en negrita está porque algunos creyentes dicen que los muertos resucitados y los arrebatados o ascendidos en vida, no se cumplirá "juntamente" en el mismo día, sino separados por siete años. Esto lo creen porque se basan en la profecía de Daniel (Daniel 9:24-27), cuando de unas 70 semanas de años (día profético por año: Números 14:34; Ezequiel 4:6), la última, es decir los últimos siete años, el Mesías sería ungido, cumpliéndose en el bautismo de Jesús (Mateo 3:15-17), y tres años y medio después, es decir a la mitad de esa última semana profética de día por año, "se quitará la vida al Mesías". Exactamente, el año 27dC. fue bautizado y ungido por Dios desde el cielo, y el año 31 crucificado por orden de Pilato. Vemos que es claro que se refiere a la crucifixión de Cristo, no a un arrebatamiento en el tiempo del fin. Lamento que de algo tan claro se haya obtenido una idea tan forzada y oscura.

[162] El profeta se vale del reino de Babilonia, como símbolo del mundo, cuando Dios venga de la "tierra" o mundo celestial para hacer juicio con los ángeles. Por eso menciona señales del tiempo del fin que presentó Cristo (Isaías 13:9-11) y que se cumplieron en el siglo XIX, para que termine con la segunda venida de Cristo (Mateo 24:29,30).

renovado para convertirse en "cielos nuevos y nueva tierra" (2 Pedro 3:12,13; Apocalipsis 21,22).

"Y los redimidos de Jehová volverán, y vendrán a Sion con alegría; y gozo perpetuo será sobre sus cabezas; y tendrán gozo y alegría, y huirán la tristeza y el gemido" (Isaías 35:10). "La morada de Dios estará con los hombres, y él habitará con ellos. Ellos serán su pueblo. Y Dios mismo estará con ellos, y será su Dios. Y Dios enjugará toda lágrima de los ojos de ellos. Y no habrá más muerte, ni llanto ni clamor, ni dolor, porque los primeras cosas pasaron" (Apocalipsis 22:1-4).

Libres de toda enfermedad y de toda consecuencia por el pecado, los santos vivirán confiados en esta tierra renovada sin tener que protegerse con las fuerzas del orden; sin la necesidad de visitar al dentista o recurrir a un hospital. No tendremos necesidad que cada mañana nos moleste un despertador, ni tener que tragar el desayuno para poder llegar a tiempo al trabajo. Tampoco molestarnos por un tránsito congestionado, donde alguien nos insulte por alguna mala maniobra. No tendremos que dar cuentas a un jefe por nuestro trabajo, ni enojarnos porque nos cueste terminar la tarea programada; ni tampoco desesperarnos cuando el dinero se acabe antes de fin de mes.

No habrá cárceles, ni farmacias, ni médicos que nos pronostiquen cáncer; ni depredadores de la vida sobre la tierra. Tampoco necesitaremos dinero, porque todo será gratuito. Incluso los viajes que de tiempo en tiempo haremos para visitar a otros mundos habitados por familiares nuestros (son "familiares" nuestros por ser también hijos de Dios (Efesios 3:15; Hebreos 12:23). Todo estará dispuesto por el amado Señor a nuestra disposición. Y miles y millones de todas las edades gozaremos creciendo en el conocimiento de lo creado por las edades sin fin. Sí, para siempre, pues exclamaremos con gran gozo: "Sorbida es la muerte con victoria. Muerte, ¿dónde está tu aguijón? Sepulcro, ¿dónde está victoria?" (1 Corintios 15:54,55).

Tendremos reuniones semanales con nuestro Creador y Salvador y veremos su amable rostro, como en el Edén, cuando el Creador se encontraba cada "séptimo día" con nuestros primeros padres (Génesis 2:2,3). Ese día de fiesta era el "sábado" (Éxodo 20:11). Pero el emperador romano Constantino el Grande, lo cambió el 325 dC. por el día *Solis Dóminus* (Domingo del dios Sol); y que muchos creyentes confunden el sábado de Dios (*sabbat* significa día de reposo) con los sábados rituales de Moisés. Pero él mismo aclara que esos sábados con fecha fija, y que caían en cualquier día de la semana, eran "además de los sábados del Señor" (Levítico 23:38). Y como esas fiestas sabáticas hebreas simbolizaban la obra de Cristo al morir en la cruz, Pablo de Tarso dice que hoy no necesitamos guardarlas, sino sólo los sábados del séptimo día (Colosenses 2:14-17; Hechos 17:2; 18:4; Lucas 23:54 al 24:1), en honor al Creador (Éxodo 20:8-11). Y este será el día que guardaremos por la eternidad. Por eso el profeta Isaías nos adelanta:

"Así como los nuevos cielos y la nueva tierra que yo hago, permanecerán ante mí, dice el Señor, así permanecerán vuestros descendientes y vuestro nombre. Y de mes en mes [para comer del árbol de la vida: Apocalipsis 22:2] y de sábado en sábado, vendrán todos a adorar ante mí" (Isaías 66:22,23).

Pero queda la pregunta: ¿Para qué necesitaremos comer mensualmente del fruto del árbol de la vida y su "hoja para medicina" (Ezequiel 47:12; Apocalipsis 22:2), cuando allá no habrá enfermos?

Vimos que las primeras generaciones de Adán y Eva podían vivir cerca de un milenio, y su constitución física era el doble que la actual. Por eso se encontraron huellas humanas petrificadas de 47 cm. Cuando Jesucristo venga, y los justos muertos sean resucitados con un cuerpo perfecto, pero manteniendo la misma altura, esa diferencia sería muy evidente. Entonces viene la pregunta: La medicina de las hojas del árbol de la vida, ¿será para que todos lleguemos a la altura original? ¿Y por qué el Dios Todopoderoso no lo podría hacer en el mismo momento de la resurrección de los muertos y la transformación de los que queden vivos en su regreso?

Es evidente que esa "medicina" será para que el cambio sea lento. Algunos salvados tendrán que cambiar tanto, debido a la degradación física humana de 6000 años, que no podrían ser reconocidos por sus familiares. Y un bebé que no reconozca a su madre no podrá vivir feliz. Además, allá no habrá hombre ni mujer ni reproducción humana (Lucas 20:34,35). ¿Por qué? La respuesta es lógica: "Porque ya no pueden morir" (Lucas 20:36).

Se entiende que la reproducción entre seres perfectamente sanos que puedan generar hijos eternamente, la multiplicación sería tan grande, que las familias tendrían que separarse para vivir otros mundos y otras galaxias, hasta que no quede más lugar en el universo para que alguien pueda moverse un solo centímetro de su lugar. También es posible que si un hijo pequeño viera que su madre no tiene más forma de madre, como la conocía, también pueda desconocerla.

No tengamos temor de que nos falte algo para nuestra felicidad eterna. Pablo escribió: "Cosas que ojo no vio, ni oído oyó, ni han subido en corazón de hombre, son las que Dios ha preparado para los que le aman" (1 Corintios 2:9). El deleite sexual en el matrimonio es un don de Dios para este mundo de dificultades y sufrimientos (Génesis 2:24). Pero fue organizado por el Creador hasta estos tiempos que ya se ven los problemas de densidad poblacional. Dios lo calculó para cuando se cumplan todas las señales que dio de su venida, y terminar con la desobediencia humana. Si la vida humana que se vive hoy fuera eterna, eternizaría también la maldad y el sufrimiento.

Jamás un gobernante podrá prometernos un reino mejor que llegue a igualar los planes divinos; ni los sabios de la tierra podrán lograr algo cercano a esto. Solo Dios y su Santa Palabra podrán prometer al hombre un destino mejor. Y sólo entonces podremos decir con gran emoción:

"*El gran conflicto ha terminado. Ya no hay más pecado ni pecadores. Todo el universo está purificado. La misma pulsación de armonía y de gozo late en toda la creación. De Aquel que todo lo creó manan vida, luz y contentamiento por toda la extensión del espacio infinito. Desde el átomo más imperceptible hasta el mundo más vasto, todas las cosas animadas e inanimadas declaran en toda su belleza sin mácula y en júbilo perfecto, que Dios es amor*" (EGW).[163]

*

---

[163] E. G. de White, *El conflicto de los siglos*, (Mountain View, California: Publicaciones Interamericanas, 1968), última página.

Printed by Books on Demand GmbH, Norderstedt / Germany